梦山书系

# 与讲台同在

贾志敏 著

海峡出版发行集团 | 福建教育出版社

# 目　录

愿先生与讲台同在（代序）……潘新和/1

## 一、教海拾贝

1. 课堂的记忆……5
2. 贵学也……7
3. 话说"简单"……9
4. 我们怎样看课
　　——兼答河南周口青年教师童心……11
5. 上公开课偶得……16
6. "还是读得太少"……20
7. 我教孙女学作文……22
8. 漫话小学作文教学……25
9. 作文，不算太难教……30
10. 叶圣陶不教孩子作文……32
11. 语文教师的"看家本领"……34
12. 我们要感谢谁……39
13. 全在不经意之中……41
14. 丑小鸭・含羞草・维纳斯女神……43
15. 听钱老一席话……46

16. 老于的忧虑……48

17. 谨防"教学碎片化"……50

18. 我和老于……52

19. 袁隆平院士和于漪老师……56

20. 症结何在……58

21. 与电梯维修工一席谈……61

22. 市长为我埋单……64

23. 翟晓波的作业本……66

24. 教材史上的一件轶事……69

25. 40年前听的一堂语文课……73

26. 杏坛回眸50年……75

27. 东隅已逝　桑榆非晚……87

## 二、课堂记忆

1. 《爸爸的老师》课堂实录……91

2. 《我的发现》课堂实录……102

3. 《作文特好玩》课堂实录……115

4. 《找手机》课堂实录……126

## 三、亦师亦友

1. 林先生……159

2. 怀念大姐……162

3. 袁瑢老师二三事……164

4. 我的榜样
　　——王旭明《我为什么重返讲台上语文课》一文读后感……168

5. 我唤他"立岗"……171
6. 我眼中的陈洁……174
7. 她，感动了小语界
    ——记吴琳……180
8. 朱煜：大仓式的老师……186
9. 谈永康：敏而好学，青出于蓝……191
10. 徐俊：十年磨一剑……195
11. 我喜欢薛法根的课……198
12. 川妹子梁艳……200
13. 山东姑娘梁丽……208
14. 教海无涯　勤奋为舟
    ——喜读常波《香江教育随记》……216

**附录：**

1. 课如其人
    ——谈贾志敏老师的人格化教学……杨再隋/218
2. 上课，是生命在歌唱……谈永康/220
3. 贾老师的耳朵……杨文华/222
4. 培养语感，一条遵循语文教学本质的道路……周一贯/225
5. 贾老师教学艺术的学理分析及启示……李重/235

# 愿先生与讲台同在

(代序)

潘新和

贾志敏先生说:"当年,我为了生活走上这三尺讲台。今天,我离开这三尺讲台则一刻也无法生活。"这话我信。贾先生今年78岁,罹患癌症,动过六次手术,仍屹立在讲台。上手术台与上讲台,成为他生活之常态。他以信念逾越、战胜病痛,将师道之弘毅、壮美演绎到极致。

我也曾设想将如何死去,答案与贾先生不无相似,我愿死在讲台。教师死于讲台如同战士殒身疆场,死得其所。我羡慕胡适先生死于演讲,这是学者之莫大福气。祈盼我们都能如愿以偿。

2016年5月6日的杭州"千课万人"教学观摩会上,我有幸给贾先生评课。初次见面的第一印象:谦恭、儒雅,神采奕奕,丝毫没觉是年近八旬的病人。张伯阳先生告诉我,贾先生不论身体多不好,只要一上讲台,便精气神十足,光彩照人。诚哉斯言,先生出现在讲台,会场顿时熠熠生辉、活跃异常。

先生上五年级作文:《作文好玩,用事实说话》。他侃侃而言:语文比数学好玩，数学只有一个答案，语文则变化无穷，表达同一个意思，有无数个口语、书面语……既让学生感受祖国语言的丰富多姿，也创造了轻松的气氛，激发起他们的言说欲。"学习怎样说得有趣"，是其教学目标。他要学生写"我"，说说自己是怎样一个人；再以学生优秀作文"示例"，让他们领会如何说得有趣。他对他们的朗读、发言、作文均悉心评判、纠正，使之明白怎样才更准确、生动。如，学生说"我爱吃零食"，先生接口道"我是个吃货"；学生说"妈妈就生我一个，我很爱妈妈"，先生脱口而出"我是妈妈的小棉袄"；学生说"我爱吃冰淇淋"，先生改述为"冰淇淋是我的最爱"……学生说得好，他适时加以鼓励："作家从这里起步。"扣紧目标，一以贯之，不枝不蔓，是先生最见功力处。

课后我评点道："这是我听到的最凝练、老到、稳健、机敏的课。"凝练，表达精炼；老到，胸有成竹；稳健，有条不紊；机敏，反应敏捷。教学内容、节奏的掌控，张弛有致，恰到好处。没有噱头，没有雕饰，是半个多世纪历练出的浑然天成之境界。

目标集中——单纯中见深蕴，攻其一点，不及其余。

组织恰当——简洁中见严谨，层层铺垫，稳扎稳打。

点拨精准——细微处见敏锐，不假思索，一语中的。

先生为讲台而生、而活，讲台因先生而设、而美。先生与讲台同在，乃吾侪之幸。

（潘新和，福建师范大学文学院教授、博士生导师）

# 一、教海拾贝

## 1. 课堂的记忆

老树的年轮上，记载着昨天的繁荣与创伤；课堂的记忆里，刻录着消逝的精彩和遗憾。

65年前，课堂上。

一个孩子终于磕磕绊绊地读完10个生字。真糟糕，还读错3个！他惶惶不安，等待教师指责。然而，教师没有批评他，却说："真了不起，10个生字居然读对7个。为他鼓掌！"话毕，教师带头拍起手来，教室里掌声骤起。那个男孩第一次得到大家认可，他终于抬起头，露出笑容……

这个男孩，长大以后也当了教师，而且当了一辈子教师。他，就是读小学时候的我。

35年前，课堂上。

一个小女生正声情并茂地朗读《十里长街送总理》。读得实在太好了！闻者全都屏住呼吸，几位听课教师还掏出手绢悄悄抹去泪水。

读完，教师走到这个小女生跟前，问："有纸巾吗？"

小女生点点头，从衣袋里掏出纸巾递给教师。

教师弯着腰，把脸凑到小女生跟前，说："帮我擦去泪水，是被你感动的。"

泪水被擦去之后,教师向她要这张纸巾,准备扔到纸篓里去。

小女生说:"不丢行吗?我想保存它。"教师点点头,走开了。

这个流泪的教师,就是本人。那位小女生后来成了上海电视台的节目主持人,目前在英国皇家电视台主持华语节目。

已故教育专家陈钟梁先生生前曾介绍过自己的一段课堂经历——读中学时,他的文章已经写得极好,经常见诸报端并获校方嘉奖。一次作文讲评课上,教师竟说他的作文"很不理想"。这多少有点出乎众人意料。须臾,教师才道出原委:原来千字作文里错用一个标点。教师连声说:"可惜!可惜!陈钟梁的作文怎么可以出这种差错?"真是醍醐灌顶。

自此,凡是他交出的文章必经多次诵读,反复推敲,再三修改,绝不容差错再现。

多少年了,他一直铭记这位教师,时刻不忘这次"批评"。

后来,当了校长的他,经常告诫教师,不要整日唠叨那些陈词滥调。教师语言要生动、鲜活、简明、幽默,还要与时俱进。

"今君虽终,言犹在耳",陈钟梁先生所言,生动形象,言简意赅。真值得我们不断玩味并终身咀嚼。

## 2. 贵学也

我是贫者，教书终身，依然身栖斗室，一箪食，一瓢饮，在陋巷；我也算富翁，从教五十七载，弟子几近遍天下，学富五车，书通二酉。

积财千万，无过读书。富贵必从勤苦得，男儿须读五车书。

然而，我幼时并不喜好读书。

一次，我作文又不及格，父亲知道以后气得脸色铁青，赏我巴掌一个，愤愤然："长大了，拉黄包车去！"

后来，我喜欢语文并爱上作文，全缘于一套丛书。它从何而来已无丝毫印象，只是依稀记得，此套丛书有十余本，封面一统，皆为金黄色，直排本，有插图。故事生动，内容有趣，图文并茂，语言好玩。读过之后，忍俊不禁。其中几本书名至今还留有印象：《大人国》《小人国》《君子国》《小气国》《糊涂国》《吹牛国》……

书名诱人，内容更是荒诞。我如获至宝，白天看，黑夜看；吃饭时看，走路时看，连上课辰光也会不顾一切偷着看……

一日课上，我正看得如入无人之境时，先生悄无声息走到跟前，抽走我手中的《糊涂国》，翻了几页，脸色变得极为难看。她大声斥责："糊涂虫还看《糊涂国》，越看越糊涂！"须臾，她捧起书，当众诵读几节文字。

岂料，读毕，全班同学皆被书中有趣文字逗乐，全笑得东倒西歪。被罚站的我则咧开嘴窃笑。挨斥责理所当然，被抽打几记手心才算了事。书被没收，令人沮丧，读书兴致并未泯灭。以后，照样学以为耕，文以为获，忘我读书，只是不敢在上课时偷着看了。

劳于读书，逸于作文。自此语文成绩居然有了起色，作文也常被先生相中，还轮番到隔壁课堂去介绍。这着实让我沾沾自喜一番。

究其原因不难发现：是书，把我引入阅读世界；是书，将我领进知识殿堂。"读书破万卷，下笔如有神"，"阅读是作文之父亲"。

时至今日，只要想起那套丛书，我还会产生莫名冲动。

世事难料。20世纪50年代末，我高中毕业，连续四次报考大学，皆因家庭出身"不符要求"而无缘深造，这令我抱憾终生。

迫于生计，只得打工度日，辗转代课。直至20世纪70年代初，始转为正式编制教师。因未受过系统训练，理论基础薄弱，深感底蕴不厚、功力不足。此时，如饥似渴读书，从书本里汲取营养，探究方法。只是，此时的读书目的更为明确：为了孩子！《古希腊教育论著选》、《教育漫话》（洛克）、《爱弥儿》（卢梭）、《小原国芳教育论著选》《教学与发展》（赞可夫）、《民主主义与教育》（杜威）等都留下印象。随后又读苏霍姆林斯基著作，还撰写多本笔记。通过阅读，逐步明白教育教学必须以学生为本，并且在工作中不断付诸实践。

纸上得来终觉浅，绝知此事要躬行。不能则学，不知则问，虽知必让，然后为知。学然后知不足。向同人学，向书本学，向学生学。边学习，边实践。博观而约取，厚积而薄发。终于学贵心悟，识以领之，由外行转为内行，教书渐入佳境，终获些许成绩。

众人问："汝取得成功秘笈为何？"

答曰："人有知学，则有力矣。贵学也。"

## 3. 话说"简单"

有一个人去应聘工作，将散落在走廊上的废纸捡起来，随手丢进垃圾箱。恰巧被路过的考官撞见，他因此获取一份美差。原来，想获得别人的赏识很简单，养成好习惯就可以了。

有个小弟在车行学艺。顾客送来一辆坏了的自行车，小弟除了将车整修得完好如初，还把车擦洗得漂亮如新，学徒们笑他多此一举。车主将自行车领回去的第二天，竟把小弟也带到自己公司上班去了。这着实让师兄、师弟羡慕不已。原来，想改变命运很简单，多为别人着想就可以了。

有个小孩对母亲说："妈妈，今天你好漂亮！"母亲问："为什么？"小孩说："因为妈妈今天没有生气。"原来，要拥有漂亮很简单，只要不生气就可以了。

有个牧场主叫自己的孩子每天在牧场里辛勤劳作。朋友对他说："你不让孩子如此艰辛，农作物照样会长好的。"牧场主回答说："我不是在栽培农作物，我是在培养自己的孩子。"原来，培养孩子很简单，让他吃点苦头就可以了。

有几个小孩想成为天使，上帝给每人一个烛台，叫他们保持烛台光亮。几天过去了，上帝一次也没有来，几乎所有小孩都不再擦拭烛台了，只有一个叫"笨笨熊"的小孩，每天不间断地擦拭着烛台。有一天，上帝突然造访。几乎所有小孩的烛台上都蒙着厚厚的灰尘，唯独"笨笨熊"的烛台光洁照人。结果这个叫"笨笨熊"的小孩被上帝召去并成了天使。原来，想当天使很简单，只要实实在在地去做就可以了。

有一支淘金队伍行进在沙漠里，队员们步履维艰、叫苦不迭，唯独一个人快乐地唱着、走着。别人问："你何以如此惬意？"他笑着说："因为我行囊最轻，带的东西最少。"原来，想快乐很简单，拥有"少一点"就可以了。

有一个语文教师活得潇洒、自在，唱歌、跳舞、看书、习字，整天乐呵呵的，还经常和孩子们一起郊游、打球、吟诗、作画……师生关系极为融洽，所教学生语文素养颇高，考试成绩一直领先于其他班级。众人不解，有好事者问他："老兄，这是何故？"该教师答曰："你们都将事情做得繁杂，我却干得简单。你们上课花样多，我却没有，仅一支粉笔、一块黑板和一张嘴巴。你们喜好干'虚'的，我喜欢'实'干。其实，我们教语文的，做好两件事足矣：第一，实实在在教学生阅读、写作、听话和说话；第二，让学生在阅读过程中受语言文字所蕴含的思想、文化、人文内容的熏陶感染，使语文教学真正发挥润物无声、潜移默化的教育功能。"停了一会儿，他又补充说，"你们上课是在玩花样，图热闹，一切是做给别人看的。我是在真教，让孩子真学。没别的，简简单单教语文。"众人闻之，释然，信服也。

简单，是谋事的一种态度，是思维的一种方式，也可以说是对待生活的一种理念。能将"复杂的"变成"简单的"，那是强人和专家；反之，把"简单的"说成"复杂的"，要么是在蛊惑别人，要么就是别有用心。

人们总以为，要变得优秀就必须学会复杂，其实不然，做好最简单的、最本质的，往往就是最成功的。

"简单"，不简单。

一、教海拾贝

## 4. 我们怎样看课
——兼答河南周口青年教师童心

元旦清晨，我手机接到的第一个短信，是河南周口青年教师童心发来的。信中说："冒昧地问您，就现在著名的小学语文教师……而言，您最喜欢哪一位的课？"

她罗列的11位教师中，有的我熟悉，有的不甚了解。于是我回信："薛法根。"

迅即，她又来信："谢谢，和你的想法惊人一致！这位老师尊重学生，尊重文本。教材吃得透，教案编得精，文化底蕴厚，应变能力强！他最不张扬个性，一心为学生着想。"

"××老师的课拓展的内容太多，个性太张扬，好像他是红花，学生变成了绿叶。我看，他更适合教中学或大学。×××、×××等老师的课总给人一种华而不实、高不可攀的感觉。听他们的课，听的时候激动，回去以后就不想动啊！请问，我们该怎样看课呢？"

我不熟悉这位童老师，我们也未曾谋面。我猜想，她应是一位勤于思考、善于探索的青年教师。

要回答"最喜欢哪一位的课?"似乎不算太难。因为这是个人的好恶,正如"青菜萝卜各有所爱"一样。然而,要回答"我们该怎样看课?"倒需要颇费思量。

我的经验是"三看,三不看":

**一、看教学,不看表演**

"教师教的是语文,学生学的是母语。"因此,我们当然要关注师生教与学的活动。看课,就要看教与学。"泛语文"的做法不可取,哗众取宠的"表演"更要摒弃。

语文课,要有浓浓的语文味。语文课上要讲"字、词、句、篇",要练"听、说、读、写"。语文课,要真实、朴实、扎实。真实是课堂的生命,朴实是教师教风的具体体现,扎实是我们追求的目标。

语文教材不是语文知识体系,课文是一篇篇选文,每一篇选文仅是提供学习语言的例子。学生要凭借这一个个生动的例子,学习、理解、运用与积累祖国语言文字。

言语是一种技巧。要掌握它,必须通过多次的、反复的训练,让学生听得清楚,说得明白,读得正确,写得流畅。本事是练出来的,绝非"讲"出来的。

语言工具的训练及其人文性的教益,是教学这一矛盾运动过程中的对立统一的整体。语言文字中已经蕴含了丰富活泼的情感和意趣,蕴含了广博丰厚的文化积淀。学好语言文字,自然能领悟和接受其人文的熏陶和文化的营养。无需脱离文本,脱离语言去宣教。

掌握了语言文字,理解了文本内容,学会了表达形式,形成了语文能力,那么,情感、态度、价值观即自在其中。

我们要看执教者如何运用课文作为例子教会孩子说话和写话。教学,应该是师生智慧的交流,心灵的沟通,学习的互动。它拒绝浮躁、喧哗与轰动。

近年来,一些大型公开教学活动,出现一股浮华之风。授课者极尽

"包装"、渲染、夸张、展示等手段，极力追求奢华、轰动、"精彩"、"艺术"的课堂效应，使课堂呈现类似流行歌曲演唱会的"盛况"，使课堂教学和时装展览几乎无异。

有些课堂教学，不是进行语言本身的推敲、揣摩和品味，而是围绕文本内容，外加大量的教化性补充"学习材料"，甚至整堂课用多媒体课件"狂轰滥炸"，过度渲染、张扬所谓的人文性，还说要给学生以新时代的"心灵的洗礼"。这样做，除了增加课堂虚幻的观赏性外，没有任何价值。有人说，课改以来，人文性弄玄乎了，工具性弄模糊了。可谓一针见血。

再者，时下的一些教学观摩活动正趋向于商业化操作，且规模越来越大。执教者因十分在意听课者的反应而不断调整教学方法与策略，这就恰恰忽略了对学生的关注。于是，课堂变成舞台，"课堂教学"演变成"舞台表演"。

凡此种种，均背离了语文教改的方向，也是我们所不愿意看到的。

我们要看的是课堂上那种和谐的教学状态，而绝非剧场里的那种浓烈的戏剧效果。

## 二、看学生，不看教师

意大利一位著名足球裁判因执法公正、处置果断而名闻遐迩。有记者请他介绍执法之经验，他不假思索地说："让观众忘却我的存在。"

20世纪80年代，美国一个教育代表团到上海一所学校听课。校长请贵宾在学生后面入座，他们却表示："我们为什么去注意老师呢？我们要观看的是孩子是怎样学习的。"说着，纷纷把椅子挪到黑板下面，面对着学生静静地观看孩子上课。

想想也对。绿茵场本是球员驰骋之地，裁判只需保证比赛公平、公正地进行；课堂则是学生的学习场所，教师只是在辅导、帮助学生掌握知识。

然而，有的教师大声疾呼"我就是语文！""我的课堂我做主！"闻之，我寝食难安，汗颜不止。

毋庸置疑，课堂是学生的，空间是学生的，是他们在学"语"习"文"。学生是红花；教师是绿叶。切不可本末倒置、角色错位。教师在课堂上所做的一切，只能是为学生学习服务。一堂课仅40分钟，教师就要在有限的时间里，演绎出一个个美丽的故事，这就是教师的生命价值所在。

大凡来说，学生能力的形成是在课堂上。因此，就有了"得法于课内，得益于课外""向40分钟要质量"的说法。

好的课，就像艺术珍品，让人回味无穷，津津乐道；

好的课，就要体现以学生为本，教师要激励学生敢于发言，勇于质疑，活跃思维，积极向上；

好的课，就要"环环相套，丝丝入扣，行云流水，滴水不漏"；

好的课，就会让听课者始终被精彩的教学活动所吸引，精神专注，积极投入。

课堂教学和舞台表演不同：前者追求"真"，后者追求"美"；前者看"台下十年功"，后者看"台上一分钟"；前者表现学生学习过程，后者展示演员排练结果。教学不是表演，不能变味，更不能异化。

"孩子是父母的影子"，学生则是镜子里的教师。教师的一切工作和努力，都会集中反映在学生身上。所以，观摩课上，要关注的应该是学生。

### 三、看门道，不看热闹

"外行看热闹，内行看门道。"此说不无道理。

在T台上款款独步的时装模特儿，为何脸无表情？显然，她要展示艳丽时装。同样道理，教语文，教师一定要在"语文"上下功夫。

观摩语文课，则要关注教师怎样驾驭课堂，怎样处理教材，如何启迪学生，如何设计教案。总之，我们要看教师怎样"教语文"。

语文的问题应该用语文的手段来解决，中国的语文应该用中国的办法来教。这样说是强调语文的本色，是强调传统的继承，是强调母语本体的回归。

中国语言是随着中国社会发展而发展的，是中国的传统文化的滋养使它在世界上占有一席之地，并逐步向国际化发展。

"传统的语文教育是当代语文教育的根基"，讲授母语，应该讲究"诵读、感悟、涵泳、体味、积累等体现中国人的感性思维为主的教学理念和方法"。因此，我们的课堂，不仅需要活泼的听、说、读、写，更需要安安静静的思考和揣摩。

观者要关注人家如何处理教师、文本和学生之间的关系，要关注学生学习和提高的过程。不能"走错了门"，也不要"看花了眼"。

有些教师为了活跃气氛，动辄游戏、画画、表演、歌舞，课堂内欢声雷动、热闹非凡。窃以为，适当的肢体活动不是不可以，但是任何活动，都不能忘记为学生学"语"习"文"服务。

时下，教学中的"泛语文"现象着实不少：教《黄山奇石》，花大半节课让学生用肢体"塑造"黄山奇石模样；教《鸟的天堂》，整节课都在观看制作精美的纪录片；教《晏子使楚》，排演三个故事用了足足35分钟；教《地震中的父与子》，正文匆匆浏览，却过多地引用朱自清的《背影》及其他多篇文章……追求课堂气氛的活跃无可厚非，然而，追求什么样的活跃和用什么手段去追求活跃，倒是需要慎重对待的。

我们看课要看"门道"，绝非去凑"热闹"。我们需要知道的是，学生在课上究竟长进多少，提高多少。长进了、提高了，就好；反之，就很难自圆其说了。

管见所及，偏颇难免。坦陈己见，仅供参考。不知童心老师阅后然否？

## 5. 上公开课偶得

时下，语文课的课型可谓名目繁多：观摩课、展示课、研究课、选拔课、比赛课、交流课、考核课……这些课的共同特点即：教室里除了有听课学生，还有众多观摩的教师。这样的课，统称为"公开课"。

教师，特别是年轻教师，上公开课的机会不会很多。所以执教教师必然会认真对待。课前充分准备，广泛收集资料，精心设计教案，细心制作课件。定好教案之后，还要多次试教与实践。试教后还会请多方人士"会诊"，找出问题与不足，"解剖一只麻雀"，探寻事物发展规律。上了一节公开课，对执教教师而言，教学能力必然会提高不少。这种认真负责的态度固然需要，但是，我们不能为上公开课而上公开课。功夫要下在平时，教师要不断学习专业知识，不断加强自身建设，不断提升教学能力。

由于公开课毕竟不同于一般的"家常课"，所以，我们还得予以充分重视。有没有规律可循呢？应该是有的。我是从以下三方面考虑的：

### 一、从课题入手

题目是文章的眼睛。从课题入手，等于牵着牛鼻子，抓住了事物的本质。这样，教学不会偏离中心，解读课文时便一气呵成，不会产生拖沓、冗长的感觉。这里试举两个教例说明。

第一个教例是一年级上册课文《两个名字》，一共三个小节：

青蛙对竹子说："我有两个名字。小时候叫蝌蚪，长大了叫青蛙。"

竹子对青蛙说："我也有两个名字。小时候叫竹笋，长大了叫竹子。"

青蛙和竹子手拉着手，高兴地说："哈哈！我们都有两个名字。"

师：【板书"名字"】请同学读"名字"这词儿，然后交流各自的名字。还可以说说自己名字是谁给起的，它的含义是什么。

师：【出示公众人物的图像或视频】认识吗？他们又叫什么名字呢？

师：【出示青蛙和竹笋的图片】这两个小家伙分别叫什么名字？

师：一般来说，我们只有一个名字，而青蛙和竹笋却有着两个名字。【板书"两个"】这是怎么回事？读了课文我们便知道其中的奥秘了……

第二个教例是沪教版五年级课文《我不怕鬼》，讲的是鲁迅先生早年在故乡的坟地里"踢鬼"的故事。

教师【板书"鬼"】请学生读"鬼"字，数一数笔画，并用部首查字法查"鬼"字（该查哪一部分）。

教师突然问学生"见过'鬼'吗？"学生回答"见过——"教师追问："谁见过了？真是'见鬼了'！"【气氛活跃】

教师介绍：过去，科学知识普及不够，人们不知道自己从哪里来，也不知道死了以后到哪里去：以为好事做尽，死了以后上天堂成仙；坏事做绝，死了以后下地狱成鬼。据说鬼的"品种"不少，有大头鬼、小头鬼、落水鬼、吊死鬼、无常鬼等等。据说"鬼"的面目狰狞可怕，所以人们都怕鬼。【板书"怕鬼"】

教师：无神论者不信世上有鬼神。所以他们"不怕鬼"。【板书"不怕鬼"】

教师：今天我们学的课文就是讲"一个人不怕鬼的故事"。这个人是谁呢？是"我"。【板书"我不怕鬼"】"我"指谁？鲁迅先生。"能介绍一些有关鲁迅先生的点点滴滴吗？"

**二、多读书，少提问**

"口头说的"为"语"，"书面写的"为"文"。语文是一门学习语言文字运用的综合性、实践性课程，致力于培养学生的语言运用能力，提升学生的综合素养，为学好其他课程打下基础。

很多教师在上公开课的时候，喜欢对课文内容进行无休止的分析，课堂教学变得繁琐，杂碎，乏味，这就偏离了课改的方向。阅读课要少一点"繁琐分析"和"无效提问"，需要的恰恰是"书声琅琅"和"议论纷纷"。

多读，是我国语文教学中行之有效的传统。李白之所以能"日赋万言，倚马可待"，是由于他"六岁诵六甲，十岁观百家"。杜甫之所以"七岁思而壮，开口咏《凤凰》"，也是由于他"群书万卷常暗诵"。这个传统，我们应该继承和发扬。因此，我们在阅读教学过程中，必须重视读的训练，讲读课文一定要以读为基础，要求学生多读熟读。

读书过程，正是咀嚼、消化、吸收、储备语言营养的过程。古人说："虽有佳肴，弗食，不知其旨也。虽有至道，弗学，不知其善也。"一篇好文章，不经过反复诵读，就不能领会其深刻含义。读得愈熟，领会愈深，读到滚瓜烂熟，作者语言就有可能转化为读者语言，自己在写作时，就会得心应手，运用自如，所谓"读书百遍，其义自见""读书破万卷，下笔如有神"正是这个道理。

语文课上，教师就是要想方设法组织学生读书，让他们喜欢读书，让他们读出味儿，读出效果来。

**三、巧设练习，组织语言训练**

语文课上要教语文，不要教课文。播放音乐、展示图片、组织表演、播映视频等都不算"语文"，只能说，它们是学习语文的辅助手段。学习语文要落实在语言文字的运用上。

《惊弓之鸟》结尾处，写到更羸向魏王讲述"大雁掉下来"的原因之后，却没有再写魏王的话。对此，教者可设计一个拓展性练习：让学生写几句魏王赞美更羸的话。学生思维必然活跃，想象一定丰富，写得可能各具特点。

教《母亲的鼓励》，教者可设计一个说话和写话训练。先让学生说一说：母亲给予儿子鼓励是哪三次？分别是怎样鼓励儿子的？然后，再让他们写一写。给文章"补白"：假设在高中三年级的家长会上，教师会说些什么？母亲又会怎样鼓励儿子的？

毋庸讳言，语文课上，我们只是借课文作为例子来教学生说话和写话，我们要"用教材"而不需要去"教教材"。

其实，小学课本里的课文没有多少深奥之处，能识字者往往一看就懂，一读就通。重要的是我们怎样组织学生"学习语言文字运用"。

公开课切忌"玩花样""忽悠人"，必须要"真实、朴实和扎实"。

好的课，必然"环环相套，丝丝入扣，行云流水，滴水不漏"。好的课，真能给人启迪，真能让听课者学到东西。

重要的是，我们要上好"公开课"，更要上好平时我们每天要教的"家常课"。

## 6. "还是读得太少"

20世纪70年代初，急风暴雨般的斗争暂告段落，我终于能走上讲台授课了。

暂离苦海，"问题"却未解决。"稍不老实"，"帽子随时可戴上"。然而，只要能为孩子们讲课，我也不管那么多。好在之前我经常上研究课、公开课，对我而言，上课并不陌生，还驾轻就熟。

其时，华东师范大学教育系李伯棠教授走出"牛棚"也不久。他不顾年迈，经常携夫人谢老师横跨上海城，一同来看我上课。听完后，他们总会提出一些改进意见。

记得，李伯棠教授话语极少，常用地道的常州话反复说："还是读得太少！文章是白话文，学生一读就懂，何必分析来分析去的？要留出时间让学生多读课文。"当时，对李老的话语是有些不解。日后，越来越体会到李老的语重心长，一语中的。

李老呼吁了整整半个世纪：课堂上要"书声琅琅"，然而，至今收效甚微。"讲肿了的课文"比比皆是。

当前，学生在作文时反映出的词汇贫乏，语病百出，正是由于读得不多，背得太少。要解决这个问题，除了加强基本技能训练之外，还得要求学生多读多背。

"多读"不是指读的活动的简单重复，而是要让读达到质量标准：正确、流利、有感情。所谓"正确"，就是用普通话，发音清楚响亮，不读错字，不丢字，不添字，不唱读，不重复句子；所谓"流利"，就是在正确理解的基础上读的速度接近于说话，避免不必要的重复；所谓"有感情"，就是读得生动感人，要读出重音，遵守停顿，运用适当的语调，要有适当的节奏。

朗读是默读的基础。默读速度快，应用范围更广。

教师要加强对学生读的指导。精心设计课堂教学全过程，要做到每读一次都要有明确目的和要求，每读一次就要提高一步。"好书不厌百回读"，一篇好文章一定要让学生熟读深思，直到背诵。

但愿同仁们都能记住李伯棠教授生前的劝诫："还是读得太少！"

## 7. 我教孙女学作文

前些年，在一次作文比赛中孙女的《会动的门牙》获小学组首名。

她获奖之后，同事友人纷纷向我探秘。其实，我没有刻意要她做什么、不做什么，只是留给她快乐的空间，由她快快活活地玩，让她在学中玩、玩中学。

孩子两三岁的时候，识记能力较强，教过的汉字能立马记住，还具迁移本领。之后，跟她玩"汉字接龙"游戏。再之后，教给她成语、古诗。词汇越积越多，知识面越来越宽，其学习兴趣也越来越浓。

之后，我把她有趣的话语记录下来，每天一两句。比如："今天爷爷来看我。我一看，吓了一跳，爷爷今天怎么怪怪的？原来，爷爷戴了一副假牙。""奶奶烧的鱼真好吃，一条鱼都让我吃了。大人们说'孩子爱吃鱼，聪明'。""今天吃好晚饭，妈妈带我到第一八佰伴去玩。我玩了'过山飞龙'和'滚滚球'。我最喜欢玩'过山飞龙'。我坐上车子，车子开动了，一会儿高，一会儿低，吓得我直叫。"我指着记录的内容逐字逐句念给她听。因为句子是她说的，所以她更感兴趣。

日子一长，她认识的字也多了，还没上学已经能阅读短文了。我们带

一、教海拾贝

她逛书店买新书，让她在知识海洋里漫游。一来二去，书成了她的好朋友。

那么，她怎么会作文的呢？

她爱听故事，我便讲有趣的事给她听，讲完了，让她复述，一遍、两遍……当她讲通了，便让她用文字记录下来。久而久之，她读二年级时，便能写数百字作文了。

她具有组织文字能力之后，就教她观察生活，寻觅作文材料。

生活中处处皆作文材料。我见她手舞足蹈时，便提示"把它写下来就是好作文"。我见她情绪低落时，便告知她"把这记下来，别人一定爱看"。有一次，她来探望我，我正闭目养神，眼镜架在鼻梁上，手中捏着报纸。她没有吵醒我，只是吻了一下我的额头，便端坐一边看书。事后，我让她把这一件事写下来。没花多大工夫，她就写下了《深深的吻》。

她父亲整日忙碌，父女俩只能在电话里聊上几句。她埋怨道："我的爸爸在电话里。"我听了，感到这是好题材，就让她写了《电话里的爸爸》。习作视角独特、情真意切。

我让她每天写日记，把一天生活中有趣的事记录下来。日子长了，养成习惯，对她来说，作文不成难事。

附：贾立歆习作

## 深深的吻

放暑假了，很少在家休息的爷爷要我去陪伴他，我高兴极了。

虽说，爷爷在金苹果学校教书，我也在金苹果学校念书，但是我俩见不上几次面，说不上几句话。吃过午饭，妈妈带着我，急急忙忙到爷爷家去。

是奶奶开的门,我问:"爷爷呢?"奶奶连忙把手指往嘴上一竖,说:"小声点,爷爷睡着了。"我轻手轻脚地来到爷爷的房间,只见爷爷正躺在床上,手里拿着报纸,鼻梁上的眼镜也没摘下来,眼睛紧紧地闭着,显然他刚刚还在看书读报。"啊,爷爷太累了!不要叫醒他,让他多休息一会儿吧!"

我轻轻地摘下爷爷的眼镜,抽走爷爷手里的报纸,在他的额头上深深地吻了一下,然后坐在爷爷边上,拿起了一本书,聚精会神地看了起来……

一、教海拾贝

## 8. 漫话小学作文教学

迈尔斯7岁，美国威斯康星州二年级学生。一天，他写信给时任副总统拜登："枪管里射出的子弹会打死人，太可怕了。我想发明一种'巧克力子弹'来替代它。"

不久，拜登给迈尔斯回信："真抱歉，我过这么久才回复你的信。我真喜欢你的主意，如果大家的枪射出的是巧克力子弹，那不仅整个国家会更安全，人们也会更幸福，因为大家都喜欢巧克力。你是个好孩子。"这似是教师对学生习作的一则评语。

信里，拜登讲了三层意思："致歉""赏识"和"赞扬"。读着回信我们似乎看到，一个长者正蹲着身子和孩子说话，态度亲切和蔼，话语浅显易懂，言者热情满怀，闻者暖意融融。看来，拜登谙达儿童心理。

由此，想到了我们的作文教学。大家都在埋怨学生不会作文，其责任究竟在孩子一方，还是教师一边？"教不严，师之惰。"

我们教的是"儿童作文"。儿童的特质是喜好模仿，富于想象，对周围事物充满好奇，欠缺的是自主力不强，生活经验匮乏，考虑问题不够缜密。因此，教育小学生需要热情、引导和鼓励。

## 鼓励孩子多读书

讲一个"多捡几块石头吧"的故事。

很久很久以前,伸手不见五指的夜晚,一个阿拉伯商人牵着骆驼行进在沙漠里。

突然,他耳边响起神秘的声音:"多捡几块石头吧!到了明天,你一定会既高兴又后悔的。"商人纳闷,但还是照着做了。

太阳出来了,他想起那神秘的声音,便掏出石头观看。天哪!哪里是石头?分明是价值连城的宝石!此时,他真的"既高兴又后悔"了。高兴的是,自己拥有大笔财富;后悔的是,捡的石头太少。

若把这故事题目改成"多读几本书吧",其义自见。

告诉孩子,趁年少精力充沛,记忆力强,多读几本书,其好处不言而喻。正如古人所言:"少壮不努力,老大徒伤悲。"

书,是人类进步的阶梯,是前人总结的经验,是世界上最好的营养品。和书交上朋友,将拥有快乐和幸福。

读书的好处多多。读书教人聪明。读一本好书,就等于跟一个有知识的老人说话。

凡有成就者均酷爱读书。高尔基说:"我看到一本好书,就像一个饿汉要扑到面包上一样。"

读书要养成习惯,读书要有计划,各样的书都要读,古代的,现代的;天文的,地理的;国内的,国外的。开卷有益。

要像苏东坡所说,"发奋识遍天下字,立志读尽人间书"。

## 还要让孩子多动笔

学写作文,没有诀窍,没有捷径,唯有多读多写。

读书是吸收，是积累；作文，则是运用。

"拳不离手，曲不离口"，说的是想要掌握一门技术，必须要持之以恒，不断练习。

每天写一点，有话则长，无话则短。可以写一两句话，也可以写几句话、一段话，甚至一篇完整的文章。这要养成习惯，就跟我们每天要吃饭、喝水、洗脸、睡觉一样。鲁迅先生从年轻的时候起，就坚持每天写日记，即使病了、外出，也不例外，几十年如一日，直到临终前一天晚上才搁笔。

那么，写些什么呢？有那么多东西可写吗？

我们每天会遇到许多的人和许多的事，有叫人高兴的，令人悲哀的，催人奋进的，惹人讨厌的等等。不管事大事小，也不管是看到的或者是听到的、想到的，都可以记录下来。记录的是现实生活，时过境迁，若干年以后，它就成了历史。历史是最珍贵的，也是最值得玩味的。

怎么写呢？爱怎么写就怎么写。听到一个故事，自己感到挺感兴趣的，就把它回忆出来；碰着惊险的一幕，怪吓人的，就把它描绘下来。可以写得长些，也可以写得短些，这只是一种运用语言的练习。

总之，让孩子多动笔，无论从哪一方面看，只会带来好处，不会有丝毫坏处的。

## 给别人看的作文需要誊清

小时候，我不喜欢随母亲到亲戚家做客。因为，出门之前，母亲总要花好多时间，给我洗脸，让我换衣，有时还逼迫我到理发店里去理发。

母亲常对我说："到亲戚家去，一定要穿得体面、光鲜，不然，会被人瞧不起的！"

我们作文也一样。给别人看的作文，必须干干净净、清清楚楚，让看的人舒服、惬意，直至赏心悦目。看完了你作文以后，会竖起大拇指说：

"这孩子写得真好!"

可是,现时的孩子似乎做不到这一点,作文马马虎虎,乱写一通,词不达意,到处涂改,标点随意用,错别字连篇……老师看到这样的作文卷,只会皱着眉头直摇头。好成绩是不可能给了,说不定,还要狠狠地批评一通。怎样改变这种尴尬的局面呢?

还是绕不过"认真"这两个字。如果"认真"作文了,一切就会迎刃而解。

作文要起草,作文还要修改。草稿是只给自己看的,所以,草稿纸上的字写得潦草一些,卷面不太干净,都不打紧,有的地方甚至只写个提示,或者用省略号替代都可以,只要自己明白即可。然而,交给老师的作文就必须认认真真、工工整整地誊清。这样做,是为了留给自己一份"体面"和"光鲜"。

那么,怎样誊清呢?

写在格子里的字要一笔一画地写,工整、清楚、秀丽。标点符号运用要正确,而且要标在指定的地方。作文是有格式要求的,题目位于第二行居中;作者学校、年级和姓名则写在第三行中间;第四行才开始写正文。文章需要分段,一层意思讲完了,要讲另外一层意思,就需要"换行错格,重新起段"。所以一篇文章有七段、八段实属正常,仅一、二段的文章反倒不太正常。写人物对话时,须注意语言的记述要符合人物的身份、年龄、性格和特点,不要让人说着不着边际的话……

一边誊写,一边琢磨。总之,交给老师的那份卷子,必须干净、清楚,没有大的差错。

这样做,从小的方面说,是对老师的一份尊重,一份敬仰;朝大的方面看,则是培养自己良好的意志和品质。

## 我们自己泄密了

1964年《中国画报》的封面刊登了一张照片:大庆油田的"铁人"王

进喜头戴大狗皮帽，身穿宽厚棉袄，顶着鹅毛大雪，握着钻机手柄眺望远方，他身后散布着星星点点的高大井架。

日本情报专家根据照片上的王进喜衣着判断，只有在北纬46度至48度的区域内，冬季才有可能穿这样的衣服。因此，他们推断大庆油田位于齐齐哈尔和哈尔滨之间。从照片上王进喜所握手柄的架式，推断出油井的直径；从王进喜所站的油井与背后油田间的距离和井架密度，推断出油田的大致储量和产量。

因此，当我国政府向世界各国征求开发大庆油田的设计方案时，日本人一举中标。其原因是我们自己泄密了。

日本人的成功告诉我们：要善于分析，善于透过现象看本质。

如果我们养成了这样的好习惯，好处一定是可以预料到的。

做数学题，特别是应用题，读懂题目以后，就需要分析。从已知的条件里推断出新的条件。这样，一来二去，再难的题目也能找出它的正确答案来。

写作文，也需要分析。作文题是"榜样"，如果不加分析的话，就是随意寻找一个人，写他的几个优点，最后，点明他是自己的榜样。这样的作文缺乏新意，谁爱看呢？

我们试着分析一下的话，可以找出好几条思路来：

写一个英雄或先进模范人物，说明他是大家的榜样；

写几个突出的人物，说明他们都是我的榜样；

写家里每一个人的一个突出的优点，大家互为榜样，说明自己有一个和睦的家；

写自己处处严格要求自己，为弟弟、妹妹树立一个好榜样。

其实，在学习和生活中，做出一个正确判断前，都需要仔细观察、客观分析。

## 9. 作文，不算太难教

作文，把不少人给吓着了。

其实，在众多学科中，作文不算太难教。原本一件简单的事情，硬是让我们给弄复杂了：教师无端设置障碍，任意拔高要求；学生唯有东拼西凑、生搬硬套应对之。违背儿童认知规律，逼迫孩子写不熟悉的事，说违心的假话、大话和空话。学生没了兴趣，缺了信心，不反感才怪！看来，"作文难"，似乎是从这儿开始的。

说"教作文难"，那是我们给自己下的套，作茧自缚，自作自受。谁让我们给孩子提那么多那么不切实际的要求呢？

我小时候，是个地道的差学生，成绩常常落在最后面，被别人耻笑为"第一名"。

读三年级了，我依然无甚长进。一个夏夜，极少见面的父亲居然到我们屋前场头上纳凉来了，实在难得。闲谈中，得知我书读得不好，一时兴起，让我即时写一篇作文给他看看，题目就叫"我的父亲"。

屋子里闷热难熬。我伏在桌子上艰难地一个字、一个字写着。过了好久才拼凑成一篇不像样的作文，七个兄姐传阅后笑倒一片：

"父亲是做生意的，下面的人叫他老板，我叫他爷（音 yǎ，旧时上海人对父亲之称谓）。我很少见到他，因为他回来就到'小姆妈'（父亲娶有一妻一妾）那里去了。他赚钱给我们用。我怕他生病，他病了，我们就没有钱了。有一次，父亲坐黄包车（即人力车，旧时上海一种交通工具），他让车夫坐在上面，自己在下面拉，路上的人都笑了，说'洋装'（即穿西装者）拉'瘪三'（旧上海对底层贫困游民之称呼）。"

父亲看了这篇不足百字的作文居然颇感兴趣，说"不错，写得很像（即真实），很有趣（即生动）"，还让正在读大学的姐姐修改。姐姐是如何修改的，印象全无，只是依稀记得，自此，我似乎明白了不少：作文要写"真实"的，还要着力写"生动"。渐渐地，我爱看书了，爱动笔了，也会改作文了。"兴趣是入门向导，习惯是成功先驱。"好习惯养成之后，我成绩有了些许进步，之后，再没人唤我"第一名"了。

小学作文并不复杂，仅是孩子"运用语言文字"的一种练习而已。紧要的是要让学生切记："表达须文从字顺，意思要清楚明白。"

我们不仅要研究"如何开拓题材"，更要引导孩子"事先想清楚，笔下写明白"。我们无意栽培作家，也不必苛求学生习作完美无缺。我们要读懂孩子，欣赏学生，不做"无用功"，不摆"花架子"，在"求实"上面多下功夫。

学写作文没有捷径，唯有多读、多写、多改。假如真做到这三点，即使"无师"，亦能"自通"。好作文不是教出来的，是孩子有了生活体验、有了对事物正确认识之后"悟"出来的。

作文，不算太难教。它是一门细活儿，需要我们做许多事情。只能慢慢来，急不得。

## 10. 叶圣陶不教孩子作文

20世纪80年代，我去北京参加一个经验交流会。巧的是，叶圣陶的长子叶至善先生和我同住一楼。

一天晚上，我邀请叶至善到我房间小坐。"三句不离本行"，闲谈时，我请他介绍叶老是怎样教他作文的。他说："不教的。"我感到奇怪，叶老是个作家、编辑，又是个教育家，理应十分重视对孩子的启蒙教育，怎么可能"不教"自己孩子作文呢？

叶至善见我有些疑惑，便说："我父亲这么做，到底是算'教'还是'不教'？"

原来，叶老从不给孩子教授作文入门、写作方法之类的东西。他仅要求其子女每天读些书，至于读什么，任凭自己选择。叶老还要求其子女每天"写一点"，至于写什么也不加任何限制。

纳凉时，叶老让孩子把当天写的东西朗读给他听。叶老倾听时，不轻易说"写得好"或"写得不好"的话，比较多的是"我懂了"和"我不懂"。如若叶老说："这是什么意思呀？我不懂。"其子女就得调遣词句或重新组织句子，尽力让父亲听得明白。直至叶老说"噢，原来是这么一回事，我懂了"时，再读下去。

　　介绍到这里，叶至善问我："父亲这么做，算不算在教我作文？反正我小时候就是这样学会作文的。"

　　听叶至善这么一说，我颇受启发。

　　孩子学写作文必须让其大量阅读。读书是基础，是积累；学写作文还必须每天"写一点"。写好之后，要多读，多改。"文章不厌百回改"，修改的过程，就是修正思想的过程。久而久之，自然会写作文了。

　　叶老这样教子作文，值得称颂和借鉴。

## 11. 语文教师的"看家本领"

看家本领，又称"拿手绝活"。在旧社会，倘若手上没有一点"绝活"，很难立足，更甭想吃香喝辣。

冯骥才笔下的"刷子李"，有着一手叫人艳羡的绝活。他专干粉刷一行。刷好一间屋子，单坐着，如同升天一般美。更叫绝的是，他刷浆时，必穿一身黑，干完活，身上绝没有一点白。

由此，想到我们自己。时下，还需要"看家本领"吗？已故语文教育专家陈钟梁先生不但说"需要"，还概括出个子丑寅卯 16 个字来：眼睛要"毒"，目光要准，心地要善，嘴巴要"甜"。

**第一，语文教师眼睛要"毒"。**

这里的"毒"指的是敏锐、深刻、独到。语文教师不但要读懂文章，还要能发现文字之美，能识别文章作法之奥妙。否则，教学时必然隔靴搔痒，浮光掠影，抓不到痛处，得不到要领。

有一篇课文叫《那片绿绿的爬山虎》，是肖复兴为纪念叶圣陶写的散文。有的教师把它误读成简单的叙事文，以为文章就写了"叶老为我修改作文"和"叶老盛情邀我做客"两件事，教学时"就事论事"，反复引导

一、教海拾贝

学生概括主要内容，孩子只能始终徘徊于文本之表面，"不识庐山真面目"。也有教师把"情景交融"误作为教学重点，不断组织学生讨论爬山虎的意象，挖掘"落日余晖""静静湖水"的意蕴，结果，学生坠入云里雾里，不知所云。更有教师断章取义，把"叶老为我修改作文"作为教学重点，借此指导学生如何修改文章，"失之毫厘，谬以千里"。这些全缘于教者"见木不见林"。所以，倘若教师本人未能读懂课文，那么，其教学必然"以其昏昏，使人昭昭"。

第二，语文教师目光要准。

教学如同打仗，想出师告捷，大获全胜，就要"打有准备之仗"。

不能自出心裁，锱铢必较，更不能两眼抹黑，乱说一气。教师与普通读者不同。普通读者只是为自己阅读，高兴了，可以再读一遍；没兴趣了，则将读物弃于一边。教师则不然，不但自己要读懂文章，还要琢磨如何让学生喜欢，更重要的是，教师要知道运用文章里的哪些东西来教学生，还要"一抓一个准儿"，不能抓错。

有篇课文叫《两个名字》，一年级的，才70来个字：

青蛙对竹子说："我有两个名字。小时候叫蝌蚪，长大了叫青蛙。"

竹子对青蛙说："我也有两个名字。小时候叫竹笋，长大了叫竹子。"

青蛙和竹子手拉着手，高兴地说："哈哈！我们都有两个名字。"

教学时抓什么？窃以为，就抓课题上的"名字"和"两个名字"。名字是符号。教师可组织学生从"名字"说起：介绍各自名字，说出公众人物名字（雷锋，用正面画像；姚明、爱因斯坦、奥巴马等，用漫画像。学生情趣盎然，课堂气氛必然活跃）。

接着引导学生仔细阅读课文，了解课文里的谁有两个名字。之后引导学生探讨："青蛙"和"竹子"只是物种，而非名字，为什么说它们是名字呢？（了解童话文体的知识及其特点）

最后提问：除此之外，谁还有"两个名字"？例：孑孓－蚊子，蚕宝宝－飞蛾，树苗－参天大树，宝宝－李晓阳（可以任一学生名字），等等。

（拓展学生课外知识）

　　由于吃透教材，准备充分，因此教学时不拖沓，不冗长。

　　**第三，语文教师心地要善。**

　　我们必须发自内心地热爱孩子。教师要视学生为子女或弟妹。这一点，来不得半点含糊与虚假。

　　蒋风先生是著名作家，终身从事儿童文学创作，荣获第十三届国际格林奖，成为首位获此殊荣的中国人。

　　蒋风小时候叫蒋寿康，由于经济拮据，直到十岁才走进学堂读书。教他算术的是斯紫辉老师。斯老师是浙江诸暨人，美丽端庄，身着长旗袍，脸上常挂着笑容。斯老师爱孩子，经常讲故事给孩子们听，循循善诱地培养学生良好的性格和品德。

　　有一个学期，斯老师给同学们讲意大利作家亚米契斯的《爱的教育》，讲了整整一个学期。孩子们深为故事中的内容所感动。

　　学期结束时，斯老师举行了一个特别班会。她用书中的人物名字给班上同学命名：勤劳的就叫"裘里亚"，正直的就叫"比卡隆"，善良的就叫"西西洛"，勇敢的就叫"马尔柯"……蒋寿康渴望斯老师也能用书中的人物给自己起一个名字。可是，名字一个个报过去了，蒋寿康始终没有听到斯老师用书中的人物给自己起名，他感到很委屈。

　　班会结束，同学们个个绽开笑容，互相叫着刚刚被命名的名字，唯有蒋寿康独自站在一边，郁郁寡欢。斯老师突然意识到自己犯了一个大错。于是，请蒋寿康到办公室，满含歉意地说："你看，都怪老师太粗心了，怎么把你给忘了？可是，现在没法儿再为你开一个班会。啊！其实，你比'裘里亚'更勤劳、比'比卡隆'更正直、比'西西洛'更善良、比'马尔柯'更勇敢。怎么办呢？让老师来弥补这个过错吧，老师把最心爱的《爱的教育》送给你，算是老师给你赔个不是，好吗？"斯老师边说边打开《爱的教育》，在扉页上工工整整地写上两句话："记住，永远做一个平凡的人；但是，要让自己平凡的心闪烁着不平凡的光彩。"

蒋寿康得到《爱的教育》之后，使劲点着头，向斯老师鞠躬之后，高兴地回家了。

自从得到《爱的教育》，蒋寿康经常在做完功课、帮助母亲做家务后，阅读这本书。他一次次被书中的感人情节所打动。阅读《爱的教育》，培养了他的一颗爱心，还提高了他的写作能力。在一次全国小学生作文比赛中，他写的《北山游记》荣获第十名。以后，他逐步走上为孩子写作的文学道路。如今，他已是著名的儿童文学理论家。

顺便说一句，那位斯紫辉老师，就是我国教育界杰出的斯霞老师的胞姐。

斯老师和蒋寿康之间演绎着又一个感人的"爱的教育"。

**第四，语文教师嘴巴要"甜"。**

这里的"嘴巴要甜"，指的是要懂得赏识，要不吝啬表扬孩子，要不间断地夸奖学生。表扬学生还要讲究艺术，要让被表扬者听得心花怒放，刻骨铭心，产生动力，扬帆起航。

一位老师教《就义诗》时，课堂上发生了没有预计到的情况。

《就义诗》系夏明翰所作，仅四行："砍头不要紧，只要主义真。杀了夏明翰，还有后来人。"教师潜心指导学生朗读。学生兴致勃勃，吐字清晰，语气连贯，精神饱满。课堂气氛极好。

却有一个学生将末句"还有后来人"误读成"还有后人来"。学生都哄笑起来，本来严肃的气氛顿时荡然无存。这位教师似胸有成竹，从容不迫："笑什么？这位同学念的意思没有错！"经她这么一说，教室里安静下来了。老师接着说："'还有后来人'意思是'还有接班人'；'还有后人来'意思是'还有人接班'。"教室里寂静无声。歇一会儿，教师又亲切地说："当然，意思没变，不等于说他读对了。他之所以读错，是因为没有看清楚。如果仔细看，认真读，是不会出差错的。我们请他再次朗读好吗？"大家情不自禁地鼓起掌来。这时，那位学生红着脸，激昂地朗读起来。读得相当不错，大家情不自禁地再次拍起手来。

表扬、鼓励是学生获得进步的原动力。学习需要动力，没有动力，学生是不可能取得长足进步的。

陈钟梁先生的"语文教师看家本领"之说，言简意赅，生动形象，值得我们不断玩味并追求。

## 12. 我们要感谢谁

一位医术精湛、医德高尚的大夫荣获国家最高荣誉奖。

当他手捧鲜花、怀抱奖杯步下主席台时，记者簇拥而上，纷纷要其抒怀感言："此时此刻，您最想感谢的是谁？"

这位大夫平静地吐出两个字："病人。"

大夫说的是大实话。因为，是成千上万的病员为他提供无数例疑难杂症——有的甚至献出自己的生命，是病人成就了他。

于是，我想到了自己：我们做教师的要感谢谁？

平时，我们常常以教育者自居，培育"祖国的花朵"，铸造"精英的灵魂"，俨然把自己看成"救世主"。殊不知，在实施教育教学的同时，学生也在反哺我们。是他们，"教会"我们该怎样"教书育人"。

孩子和躺在手术台上的病员几乎无异——提供着自己的躯体，让我们去解剖、观察、分析、诊断及至医治。

30年前的一堂语文课上发生的事情，至今我还难以忘怀：

这一天，我教的是《狼牙山五壮士》。一个平时沉默寡言的孩子要求发言，他指着文中的句子"班长斩钉截铁地说：'走，上棋盘陀！'"，怯生生地说:"句子里多了一个'铁'字。"

"多了一个'铁'字?"我好生奇怪,问,"真的么?"

良久,我才明白原委,便调侃他:"你以为班长姓'斩'名叫'钉截'吗?"

顿时,哄堂大笑。他面红耳赤,几乎无地自容。以后,这孩子似一蹶不振,闷闷不乐。因为我的过失,极大地损害了这孩子的自尊心。

我懊恼不已,诚恳地向他致歉,并获得他原谅,终于抚平这孩子心灵上的伤痕。

他叫柳冬生,属猴,是冬天生的——我至今还记得。今年,他该48岁了吧!

这件事情一直萦绕在我脑际。它,让我懊恼,促我反思,叫我悔改,催我奋进。从此,我汲取教训,引以为戒,再也不敢懈怠,再也不做伤害孩子心灵的蠢事了。

与其说是我在教育孩子,倒不如说是孩子在"教育"我。我要感谢学生,他们让我知道,什么才是真的教育。

病员感谢大夫,称大夫给了他们"第二次生命";学生感谢老师,视老师为"再生父母"。这让我们汗颜不已。难怪,那位大夫会不假思索地说他要感谢病人。

工人感谢机器,农民感谢土地,厂商感谢顾客,演员感谢观众,大夫感谢病员,同样,我们作教师的,要由衷地感谢不同的学生。

知不足,然后能自反也;知困,然后能自强也。

教学相长。

一、教海拾贝

## 13. 全在不经意之中

　　教师不经意的一句话，会创造奇迹；教师不经意的一个眼神，会扼杀人才。"成也萧何，败也萧何。"

　　20世纪50年代初，中国文坛出了个被誉为"神童"的少年作家刘绍棠。1942年正月新春，刘绍棠不满6岁，到邻村一所小学读书。这所小学坐落关帝庙后殿，仅一位教师，教4个年级。4个年级4个班，4个班仅40个孩子。教师姓田，17岁就教书。执教40年，桃李满门，弟子不下3000人。田老师很有口才，文笔也好。他每讲一课，都要演绎一个引人入胜的故事。刘绍棠在田老师门下受业4年，听到上千故事，有如春雨点点入地。

　　从事文学创作需要想象力。田老师培育了幼小的刘绍棠，让他受到启迪，走上文学创作之路。

　　一天，刘绍棠返回故里寻访遗迹。关帝庙早已荡然无存，却在村边河畔遇见拄杖的田老师。刘绍棠仍像40年前那样，恭敬地向田老师鞠躬行礼，感谢恩师在自己幼小心田上播下文学种子。老人听了却淡然地说："这不过是无心插柳柳成荫罢了。"对刘绍棠而言，插柳之恩终身难忘；对田老师来说，无心插柳不足挂齿。

1952年，我在上海一所中学读书。家境贫寒，连眼镜也购置不起。只能用马粪纸剪成瓜形小玩意，扎个小孔，据聚光原理，用它放在眼睛前观看黑板上的字，还挺管用。教物理的是王老师。课上，他常穿插些笑料调节气氛。一次，我正用此"小玩意"置放在眼睛前边看黑板边抄笔记。猛然，手上"小玩意"被王老师抽走，他将其放在眼前，调侃着说："这里面有什么西洋镜可看的？"此语一出，引得哄堂大笑。性格内向的我一时语塞，直感到脸上滚烫滚烫的。

没有了"小玩意"，我只能弯曲食指替代那"小玩意"，继续抄写。岂知，王老师以为我明知故犯，与他过不去，一把将我拉离座位，罚我站在黑板前，我羞得无地自容。

之后，我再也不喜欢上他执教的物理课了。他讲解电阻、电容，我偷看故事、小说。物理成绩一落千丈。

半个世纪过去了，在一次校友会上，我又见到这位王老师。

这一天，我们这班学生相聚在安福路上一家餐馆。当年毛头小伙都成了白发苍苍老者。年过八旬的王老师居然也来了，实在难得。师生围坐一起，欢声笑语，谈兴正浓。王老师对我竟然还留有印象，指着我说："记得，记得，现在成了大名鼎鼎的贾老师了，电视上见过。"

席间，我起身向王老师表示敬意，无意间旧事重提，并向他致歉：当年，没有上好他的课。岂知，他一脸茫然，压根儿想不起当年这样一件不愉快事情："啊？有这般事？我没有印象！"他站起来，举着空杯，严肃地说："我不喝酒。今天给我满上，我一定喝下这一杯罚酒！"

酒在晃动。他对我说："请接受我这一份迟到的歉意！"说完，一饮而尽。也许意犹未尽，他又说："我教学上的一次无谓过失，也许扼杀了一位有成就的物理学家。"

他眼眶里噙着泪水，我脸上也是滚烫滚烫的。

这一份迟到了半个世纪的歉意，让我想得更多……

一、教海拾贝

## 14. 丑小鸭·含羞草·维纳斯女神

当我降生到这个大千世界之前，父亲已经有了七个孩子。所以我在家排行第八。

我们这个家庭，奇怪得令人不可思议。父亲是个腰缠万贯的大商贾，而母亲却是一个目不识丁的农家女子。她八岁起就在日华纱厂当童工，受尽包工头毒打折磨。他们结为夫妻之后，彼此间很少有共同志趣、共同爱好、共同语言。他们在一起的时间不多，父亲为生计长期奔波在外；母亲为糊口，冒着生命危险，干着贩米活儿。我小时候，一直随母亲生活。

1939年，母亲生下了我。从我懂事起，只记得母亲经常拉着我"逃难"。刺耳的空袭警报拉响之后，母亲放下手里的活，背着我，朝乡下的旷野里没命地奔跑。当我们卧倒在田野、水沟边时，就会看见日本侵略者的双翼飞机在低空盘旋。此时，我们一动也不敢动，连大气也不敢喘一口。天黑了，母亲才背起已经熟睡的我，随着人流一步一挨地回到家里。

有一天，我独个儿在外面玩。空袭警报又拉响了，我顾不得回家，随着邻居们死命地奔跑。日本鬼子的飞机跟在我们后面狂轰滥炸，树倒下了，泥土飞起来了，我蜷缩在沟里不敢吱声。飞机还在盘旋，硝烟还在弥漫，旷野里死一样的沉寂。突然，传来一阵撕心裂肺的叫喊声："志敏——志敏！"啊，母亲像发疯似的在叫喊，在奔跑。我一跃而起，朝母亲身边奔去。母亲抱住我滚倒在小沟里。我清楚地记得，当时，母亲的脸颊上挂着泪水，她把我搂得紧紧的……

以后，母亲逢人便说，这孩子自己也会逃难求生了。记得，那一年我才五岁。

我们跟穷苦的平民居住在一起。我喜欢跟穷人的孩子一起玩。我们把泥巴捣烂以后，捏泥房子，捏泥人。有一次，我提议，捏个泥棺材，里面放日本鬼子。大伙儿同意我的意见，于是，我们用泥巴做成一个大棺材，还摆了好多小泥人，让小泥人手里擎着太阳旗，以示他们是日本鬼子。我们用石块、砖头当炸弹，把泥棺材砸个稀烂……我们玩得十分高兴。恰巧此时父亲走过，看见我跟那些穷孩子在玩，而我的脸上、手上全是泥，他不高兴了，伸手打了我一个大巴掌，还说我像野孩子、小瘪三，不准我跟他们一起玩。好在父亲不跟我生活在一起，他管不着我，我仍然跟这些穷孩子一起"造房子"、打弹子、打棱角、掷泥块。当时，跟那些穷孩子在一起玩是我最高兴的事。

抗战胜利以后没过多久，解放战争开始了，父亲在静安寺边上买了一幢大洋楼，我们全家从浦东搬入了新居。从此，我失去了那些很要好的小伙伴。

由于长期不跟父亲生活在一起，所以对他很陌生，一年里也说不上几句话。虽说洋楼里面设备一应俱全，可是我不能玩。我失去了好朋友，非常寂寞，我就像关在笼子里的小鸟。于是，我偷偷地给浦东那些穷孩子写信，信中告诉他们，我很想念他们，我生活得一点儿也不快活。

有一天，父亲直呼我的绰号说："'酱油瓶'，花园里有一棵草跟你很像，我带你去看看。"我觉得很奇怪，我怎么会跟草相像呢？就跟随父亲来到花园里。父亲指着那一棵草对我说："你看，就是这一棵。"说着，他用手指轻轻一碰它，这棵草的叶子就慢慢地卷拢了。这种草我还头一回看见，嘴上不问，心里却在想：这是什么草，他为什么说这草跟我相像呢？

父亲告诉我，这叫含羞草。他说我不爱说话，很腼腆，像个姑娘，跟这含羞草不是差不多？啊，父亲以前说我是个野孩子，如今却说我像棵含羞草了。

父亲对我的评价没有错，那时候，我的确不愿说话，也怕跟人接触，家里有客人来，我可以终日守在自己的房里不出门。

解放后不久，一场灾难降临到我们家，父亲从香港回上海不久，就被错捕错杀了。从此我们全家被扫地出门，我被同学们讥讽、嘲笑、看不起，到处矮人一截，我更不愿意说话了。

有一天，语文课上，先生在讲课，因为这个先生经常要挖苦同学，所以，我一点儿也不喜欢他，对他丝毫没有好感。他讲他的，我做我的。那天，我正在做小动作，被他发现了，他提了一个很浅显的问题要我站起来回答。由于我思想走神，根本不知道他提了一个什么问题，所以我站起来以后十分尴尬窘迫。他见我答不上来，便调侃起我来了，同学们也哄笑着。此时，我羞得无地自容。先生见我答不上来，又把问题重复一遍。因为问题很简单，我听明白问题后完全可以答上的，然而，此时的我，自尊心受到创伤，我闭着嘴，噙着泪，就是不开口。僵持了好几分钟，这位先生也发怒了，说了声"啊，他是维纳斯女神，既没有手，也不会开口的！"同学们听了，笑得更厉害了，我更是怒火中烧。

我是维纳斯女神？我没有手？我不会开口？于是，我发奋读书、啃书、写书，我要改变自己的形象，我决不做被人瞧不起的无能之辈，我变得勤奋起来了……

## 15. 听钱老一席话

钱梦龙先生是前辈，著名语文特级教师，德艺双馨，著作等身，才华横溢，硕果累累，在中国语文界享有极高声誉。

春节，春寒料峭。冒着霏霏细雨，我去嘉定拜访钱梦龙老先生。

叩开他家的门，钱老笑吟吟地把我引进客厅。客厅里绿意盎然，书卷气颇浓。钱老八十有余，身板挺拔硬朗，说起话来声如洪钟，走起路来步步坚实。

吃过午饭，我们坐在沙发上促膝谈心。他握着我的手说："贾老师，我们现在都成为年轻教师学习的楷模、追逐的榜样，真有点'高处不胜寒'啊。其实，我小时候是一个不爱读书的野孩子，我的学历可以说是很低、很低。"

"不会吧？我的学历也不高：没念过师范，更没跨进大学的门，难道……"我回答。

钱老继续说道："我才初中毕业。再说，我从小就淘气、调皮，还会逃学。念到五年级时，我已经留过三次级，人家送我一个雅号'老留同志'……"

我笑了："那你后来怎么会喜好上语文这门学科的呢？"

钱老师继续侃侃而谈："要升五年级了，换了一个武姓老师教我们语文。开学首日，他把我唤到办公室，对我说：'听说你留了好几次级，究竟是脑瓜子笨还是不用心？如果是前者，我也没信心教你，你就回家去玩吧。咱们测试一下。'说完，他拿出一本《王云五四角号码大字典》教我查字，这种查字方法比较复杂，学起来也比较困难，但学会了很管用。没想到的是，我居然很快学会了，武老师喜形于色，拍拍我的肩膀说：'你不笨，很聪明，跟着我一定能学好语文的。'……"

我越听越有滋味。

钱老师接着说："回家以后，我用积攒的零花钱买了一本《王云五四角号码大字典》，一有空闲就翻翻查查，饶有兴味。"

我说："看来，是武老师培养了你的学习兴趣，引导你跨进知识王国的大门。"

"武老师在我掌握了这种查字典的方法后，对我提出新的要求：每上新课，让我把生字抄写在黑板上……"

"上课了，老师指着黑板上我写的生字，领着大家朗读，此时，我心里暖洋洋的……日子久了，我发现自己的字写得很不好看，歪歪扭扭，大大小小，高高低低的。于是，我买了字帖苦练毛笔字。现在我写的字虽比不上书法家，可在教师当中，还是排得上号的。"他指着墙上挂着的条幅，满意地说，"这是我前些日子写的。"我站起身来端详许久，暗暗吃惊：真不错！堪比书法家的作品。

"我读完初中就去教书，教得也不错。小有成绩之后，我去感谢恩师。学校风物依旧，独独不见武老师，心中不免有些惆怅。校长告诉我，武老师已调大学教书了。"

钱老师握着我的手说："其实，教育是引导，教育是培养，教育也是一种影响。教师要有一颗善良的心，还要有一双善于发现的眼睛。教师的价值体现在'教'字上。教师的成功，不在别的，而在于转变我们教育的对象。"

听君一席话，胜读十年书。

## 16. 老于的忧虑

老于是谁？于永正老师也。

老于，毕生从事小学语文教学。他既能上课，又善总结，著作等身，硕果累累。虽年届古稀，满头银丝，而研究兴致依旧不减。他为人耿直，心口如一，对当前语文教学上的一些问题总是如骨鲠在喉，一吐为快。

前些年，语文课堂热闹非凡，教学手段推陈出新，只是多了些花样经，少了些语文味。对此，他提出：要"简简单单教语文"。这些年，一些中青年教师喜好在"语文"前冠以各样修饰词，标新立异，独树一帜。有人问老于，你教的算哪门子语文？他说自己"无门无派"，还强调，语文就是语文，何必叠加这些苍白的形容词？"语文教学"就是"教学生学习语言，运用语言"。重要的是，怎样去"引导"孩子，"激励"学生。

老于这番真知灼见，颇具见地。

初春，桂林，我们不期而遇。是夜，我约他小叙。他不落座，右手斜插胸襟，频频走动。看他这模样，我不禁想起电影《难忘的1919》里列宁激动时的样子。

他问："老贾！你信不？"

"你不说，我咋信？"我期待他发表高见。

"全国95％以上的学生不会读书……"说到这里，他有些激动。

"你指的是'朗读'吧！"我作了纠正，说，"你讲的，我信。"

老于所说虽有过激之处，但也不无道理。不少学生读书多年，最终仍"张口不会说话，提笔不能作文"，学的岂不是"哑巴汉语"？

听、说、读、写四种基本能力的核心是"读"。唯能正确、流利、有感情地朗读课文，才可能"听得清楚，说得明白，写得生动"。老于的过激言辞，表明他对当前某些语文课堂的忧虑。所以，他疾呼："该教的一定要教给学生。不需要教的，别耗费精力。力气要用在刀刃上。"

事实也确实如老于所担忧：许多时候，我们无目的地瞎忙。照着课文分析来分析去，将立意无限拔高，把内容挖得很深，到后来，连作者都不敢认同了。这不像教儿童语文，而像对成人分析作品。于漪老师对此种做法，斥之为"碎尸万段""惨不忍睹"。

症结在我们的课堂教学上。

新课程改革让语文教学呈现勃勃生机，然而，也出现了忽视其"工具性"的倾向，以致影响语文教学之有效性。

现时一些课堂教学，注重教学形式，忽略教学效果，关注教师本身，漠视学生主体。一些教师在"教教材"而非"用教材"，是"讲课文"而不是"教语文"。

还有的语文课堂，超量资料补充，过多媒体演示，频繁小组活动，目迷五色，耳乱八音。这种"讲肿了的语文课"，累了教师，苦了孩子。想提高学生语文素养，则成为一种奢望。

窃以为，教材无非是个例子而已。教师是借课文为例子，教会学生说话和写话。正确做法是"用教材教语文"，这也是叶圣陶先生一贯主张的。

课堂上，知识点必须落到实处，能力培养一定有所斩获。

教师教学的成功，只能反映在学生的"提高"与"长进"上。

说是"老于的忧虑"，其实，也是我的忧虑。

## 17. 谨防"教学碎片化"

经常关注阅读教学的人都知道，多年以来的提问设计研究，并没有让大面积阅读教学的基本手法——"随问随答"，得到有效控制与改变。大多数语文教师依然习惯于在阅读教学中不断地提问，大量地提问。教师随意提问和学生简单回答——我们姑且称之为"教学碎片化"，它仍然充斥着我们的课堂。即使那些高层次的教学大赛也不例外，此种现象屡见不鲜。

前些日子，笔者听闻挚友薛发武校长一说，颇得启迪。

有一天，薛校长听了一堂语文观摩课。执教的这位教师，课堂调控能力颇强，语言表现力亦属上佳，对教材不可谓不钻研，其理解亦不可谓不深入。欠缺的是，教师生生地肢解课文，"教师随意问，学生简单答"，课堂上呈现"一头热，一头冷"的反常景遇。听课者兴味皆无，提不起神儿来，议论纷纷。薛校长是个爽快人，课后，找到这位执教老师，单刀直入，直言相告：

"一篇美文妙章就像一个古董花瓶，可供我们细细把玩。然而，有人总喜欢一锤子把花瓶砸碎，然后拿着'放大镜'乃至'显微镜'在'碎片'上下足功夫研究并考证。此种做法实在不足取。

"今天，你的教学就是如此。盲人摸象，乱说一气，支离破碎，不成系统。你问我答，看似生动活泼，其实，热闹是表象，荒谬才是本质。你做的全是无用功！我们应该整体研究教材，保留文章之完整性，少点儿无效提问，多让学生潜心读书。'疑'从读中来。我们是为孩子成长而教啊！"

后来，他经常向人提及此事，每每此时，他总是感慨无限。

他的想法，笔者感同身受。当下，"教学碎片化"的语文课比比皆是，课堂上，教师"无效而繁琐"的讲解已不足为奇，不讲究时效与实效，只追求"表面之热闹"还真害苦了教师，累坏了学生。长此以往，我们的孩子还真会喜欢学语习文吗？

薛校长直言："现在颇多的语文课上，教师不给学生预留充足时间阅读课文，只顾自说自话，硬想从学生嘴巴中掏出自己预设的答案，这样做，可谓费神费力，恰又吃力不讨好。"

窃以为，理想的课堂教学应该让学生安安静静地读书，认认真真地思考。学生只有读通课文，读懂课文，继而才有可能得以感悟，得以启迪。频繁的提问不能让学生安静下来，学生在这样的课堂上得不到沉思默想和实践练习应有的时间。从表象上看，这与课程标准提出的"应该让学生更多地直接接触语文材料，在大量的语文实践中掌握运用语文的规律"要求背道而驰；从实质上看，大量的课堂"碎问"削弱了课堂训练，而这种训练，对学生而言，却是最及时、最需要、最有力的。

从这个意义上来说，让学生养成良好读书的习惯，事关阅读教学的全局，事关阅读教学的效率和质量。因此，我们要大声疾呼：必须防止"教学碎片化"。

## 18. 我和老于

我称于永正为老于。"高年尤是当尊",老于是教书的楷模,亦是我的榜样。1984年秋,我在安徽蚌埠上课,老于也来观摩。课后,他找到我,说喜欢我的课,真实、朴素、轻松、有效,颇有惺惺相惜、相见恨晚之感。时间有限,没有深谈,他只是希望我有机会到徐州去上课。

次年春,我去北京出席会议,返程途经徐州便下车找他去了。记得,在徐州我上的是《革命烈士诗二首》这一课。在指导学生朗读"毒刑拷打算得了什么?死亡也无法叫我开口!"这一句话时,任凭我多次启发,学生硬是读不出效果来,我很无奈。坐在边上的老于轻声提示:"让学生拍着桌子读!"我会意了,试着对学生说:"你就重重地拍一下桌子再读这句话!"学生真的这般做了。这一拍,这一读,铿锵有力,激情满怀,陈然的凛然正气被表达出来了。下课了,我握着老于手说:"你真行啊!"

"交友投分,切磨箴规。"自此,我俩保持着密切联系。

老于为人耿直,直如朱丝绳;心口如一,清如玉壶冰。他竭力主张把时间和空间留给学生,语文教学要"少做题,多读书",要把学生从应试教育的桎梏中解救出来。他告诉我这么一件事:友人把外孙女送到国外去读书，其原因就是想让孩子有充足的睡眠时间！

对于语文教学的看法我俩几近一致。他认为，我们要蹲下身子和孩子说话；我说，任何时候都要尊重学生。他主张："要用教材教语文。"我说："这是前辈叶圣陶先生的一贯主张。"他说："教语文，其实很简单。"我说："教语文，其实不简单。"看似意见相左，其实"异曲同工"，表达的是一个意思。他还给我讲了这么一个案例：

有一次，他去一所学校上课，准备上《高尔基和他的儿子》这一课。苏教版将它编排在五年级，所以他想用五年级学生。该校某教师却认为，文章短小，内容简单，可以换个三年级班上。老于说："你以为我教的是课文吗？"听完课之后，那位教师心悦诚服，说："我们应该像于老师那样用教材教语文！"

老于弟子遍布全国，且多有造诣，上海朱文君、戴建荣，北京王文丽、吉春亚等。有人问：那么多弟子，你辅导得过来？他认为，学问无大小，能者为尊。年轻人充满活力，接受新生事物快，年长者要向他们学习。他们拜我为师，我则有机会向他们学习。能终善者为师。

20世纪末，我和老于相继退休，之后，我们外出讲课时常常会不期而遇。

有一次，会议主持者在介绍老于时，横一个"大师"，竖一个"大师"的，老于听了很不舒服，说："你小看我了，我应该比大师更高一等……"众人惊愕。老于接着说：

"比'大'高一等的是'老'，我是'老师'！"大家恍然大悟，同时也为于老师的谦恭而叫好。讲课期间，主办方考虑到我们年事已高，常常安排我们独住单间。老于却不允，说，"我们皆为普通教师，何必铺张？让我和老贾'同居'吧。一来叙叙家常，二来节省银子，一举两得，何乐不为？"

我们同居一室，就会彻夜长谈。谈语文，谈课改，谈家庭，谈子女，谈当今青年教师成长，谈目前公开教学乱象……谈得更多的是，我们要珍惜大好时光。一次，老于表示："咱们是改革开放的受益者。你我搬进了公寓、别墅，这是过去梦不到的事情。我们要多为语文教改出谋划策，要为小学教育多作贡献。"

支玉恒、靳家彦、于永正和我被尊为小学语文教坛上的四个老人。我们聚在一起，惬意又快乐。彼此冷嘲热讽的，引出不少笑料。

有一次，我和老于相约在某地讲学。老于先于我到会。我报到时，他们已经在用餐了。我来到餐厅，众人皆起立表示欢迎，唯独老于不予理会继续埋头吃饭。接待者不明就里，问："于老师，这一位您认识吗？我给您介绍一下。"老于这才抬起头打量我一番，认真地说："不太认识，请介绍！"那位同志信以为真，真的介绍起来，惹得一旁老师笑成一片。然而，老于却不动声色，继续吃着他酷爱的辣椒。

还有一次，支玉恒老师遇着了老于，劈头就问："还活着？"

"是啊，哪舍得走啊？"

风趣的话语惹得大家笑声连连。

三年前，我身体不适动了手术。老于十分着急，多次托人垂询，来电慰问。初春，接老于电话，称徐州市教育局要举办于永正从教 50 周年纪念活动，真诚希望我能出席此会，我爽快地答应了。岂知，"天有不测风云"，到了盛夏，旧病复发，我再次入院手术。临会前，我电话活动筹备处表示恐不能赴会。老于得知，旋即来电，表示理解之余又问，有无可能克服困难？我回答："这回我不来了吧！"就因我回话里面多了一个"吧"字，让他感觉到事情似乎还有回旋余地。他一字一顿地说："贾老师，你'50 年'的时候，我可来了的……"

平时，他一直称呼我"老贾"，突然改称为"贾老师"，我明白，这一回，他是认真的，是真诚地希望我出席这一次活动。

9 月下旬，纪念活动如期举行。是日下午，在亲属陪同下我赶到徐州向于永正老师祝贺。于永正激动之余，忘情地向与会教师透露了我的病情，台下响起热烈掌声……相逢方一笑，相送还成泣。

老于感慨地说:"年轻时候不会教,如今会了,却老了、退休了。"

秋风萧瑟,我们散步在田埂小道上。我对老于说:"天下没有不散的筵席。所是同袍者,相逢尽衰老。我们要服老。明年,我想'洗手不干'了!"

老于说:"我也力不从心,可是我放心不下当今的小学语文。我们这些老家伙还要摇旗呐喊,还要振臂高呼。虽然不能身体力行,但是寄希望于带着思考教书的青年一代。为孩子,为语文,再作最后贡献!"

我无语。两人继续走着。

"老贾,语文需要我们,孩子需要我们。咱俩再干半年吧!"我似乎感觉到,他是在哀求。

我说:"好,争取!"

我俩的手,紧紧握在一起。

行色秋将晚,交情老更亲。

## 19. 袁隆平院士和于漪老师

袁隆平院士和于漪老师是两股道上跑的车：一个是研究水稻种植的科学家，另一个是教书育人的专家和楷模。两人说什么似乎也撞不到一块儿去，可是，有一点，他们俩极为相似：在事业上都干得风生水起，成绩骄人；在做人方面却极其低调，不求回报。

20世纪90年代初，湖南省政府三次举荐袁隆平为中国科学院学部委员（即现在的中国科学院院士）却均未成功。当时，多人为此不平。有人云，袁隆平的落选比他人的当选更为轰动。而袁隆平以为："这没有什么可委屈的。"他只管继续研究，他认为，能出成果是最大的安慰。以后，他被人们称为"伟大的科学家"，这倒让他诚惶诚恐。他说："不是伟大，是尾巴大。不过，尾巴大了也有好处，就是不能'翘尾巴'了。"

在教育界，于漪老师举足轻重。她辛勤耕耘59载，栽培学子过千逾万，德高望重，才艺双馨。教师节前夕，她进京参会，荣获"全国教书育人楷模"称号。载誉归来，市教委党委召集教育界人士座谈，请于漪老师发言。然而，81岁的她在两个小时的讲话中，只字未提成就与业绩，却花了相当篇幅袒露从教59年来的种种缺陷和失误，并且把演讲主题定为"一辈子学做教师"。这让所有与会者受益匪浅，恰又始料不及。

对照袁隆平和于漪两位大师，笔者真有点汗颜与忐忑。

记得，上个世纪80年代中，组织安排本人去北京出席全国民进经验交流会。按要求，与会者都须将发言材料事先送交市委审查。看本人材料的是时任上海师范大学校长陈云涛先生。没过多久，经辗转，修改后的发言材料返回到本人手上。始发现，文章已经面目全非，几乎每一个章节，陈云涛先生都做了仔细修改，红笔改处数不胜数。陈云涛先生又另用纸写了四条意见。意见具体又中肯，尤其是末一条，陈云涛先生工整地写道："经验交流应该多吸收别人的意见，夸张自己的词句要少用。"真是醍醐灌顶。自此，我再也"不敢为天下先"了。这份材料，至今仍被我珍藏着，它时时提醒我"自知不自见，自爱不自贵"。

当下，个别教师做出丁点成绩，往往忘乎所以，到头来竟然不知道自己是谁了。有的尚未评上"特级教师"，却对他人授之"光荣称号"时沾沾自喜，不但不予拒绝，反而笑而纳之"俺是'民选特级教师'"，有点"缺乏自知之明"。有的则大言不惭，称自己"应邀赴海内外讲学数百次，所到之处好评如潮"，真有"不可一世"之嫌。更有甚者，在"简介"中赫然写道"……是语文界当之无愧的前沿领军人物，其教学理念，独树一帜，颇具影响力。其课堂大气磅礴，自由挥洒，极具感染力与震撼力"，似乎"老子天下第一"。

于漪老师的语文教学思想正影响着一代教师、一个领域。然而，于漪老师是低调的。她向我们展示的不是光环与美誉，恰恰是失误与挫折。她还说，自己正在"学做教师"。

袁隆平院士到美国参加院士会议，在华盛顿白宫前，众多游客要求与之合影，搞得袁隆平"很不好意思"。此时，袁隆平想的最多的是："我不能把尾巴翘起来啊！"

学高为师，身正为范。

## 20. 症结何在

日前，某一线城市举办了一次小学生现场作文活动，我有幸参与阅卷与评选工作。本人参阅的220篇作文大多集中在两所知名学校。遗憾的是，大部分习作叙述不清，文句不通，书写不规范，表达不明白。不难看出，这些学生缺乏基本的语文素养。

知名学校学生尚且如此，普通学校学生更是可想而知。

时下，小语教坛可谓热闹非凡：个人风格展示，教学流派比拼，莺歌燕舞，繁花似锦。对此，我们要清醒认识，繁荣背后不容盲目乐观。小学生语文知识贫乏，能力欠缺，素养不高绝非个案。

何谓好教师？能培养出一拨又一拨好学生的才是好教师。怎样的课叫好课？教师积极引导，学生主动探索，教有成效，学有提高，这才叫好课。教师的一切努力，应该体现在学生的长进与提高上。

教育的本质是为了提升人的精神世界，是为了把学生潜能变为发展现实。教学主渠道是课堂教学。不少教师也努力备课，也精心设计，也巧制课件，也认真上课，课堂教学也不可谓不"精彩"，然而，其效果却不如预期。症结究竟何在？

窃以为,是在"教"字上失之偏颇。大部分教师只是"教过",而非"教会"学生。叶圣陶有言,"语文课,即在课堂上教师借课本里的课文做例子,教会学生说话和写话","语文课的目的是让学生掌握语言文字这种工具,培养他们的接受能力和表达能力"。叶老讲的都是剑指教师的主要任务——"教学生学"。

如今,在"为谁教""教什么"和"怎样教"的认识上,我们出了些许偏差。

为谁教?毋庸置疑,当然为学生而教。因为学生是主体,是教学对象,是课堂主人。然而,相当多教师是在为自己——或者说为听课同事、同行、领导而教,似乎课是上给他们看的。上课时,着意的是展示自己的能力与才华,恰恰忽略了学生。倘若上得顺风顺水则喜形于色:"啊,这班学生够默契的。"反之,则责备学生:"一点儿也不配合。"把学生当作道具,将教学视作演戏。学生没有练习机会,能力如何提高?

教什么?当然是教语文——包括思想、观点、方法、价值观等,具体则要落实在字、词、句、篇的学习和听、说、读、写的实践上。语文课要有语文味。

事实上,大部分教师是在教课文。逐字逐句分析,不厌其烦讲解。要指出的是,精美绝伦的画面,惟妙惟肖的音响,并非真正的语文。课堂上不闻"书声琅琅",罕见"议论纷纷",学生不读书、不动笔。不用语文手段解决语文问题,想提高学生语文能力也难。

怎样教?当然要因材施教,要启迪学生,要授之以渔。知识那么多,哪里教得尽?"教材无非是例子而已。"教育虽然着重在"教"字,最终目的却在受教育者"自求得之"。"今天的教,是为了明天不教。""得法于课内,得益于课外。"要在"教会"上下足功夫。

许多教师不是这样。他们唯恐学生不懂不会,于是,舍本求末,繁琐分析,无效提问,把课文讲"肿",将学生问累。他们只是"教过"而已,到头来,学生依旧不会读、不会写。

语文是一门学科，语文教学则是一门科学。科学，需要严谨和规范，需要按事物发展规律行事，来不得半点虚假与浮夸。

语文教学要发展、要进步，不能固步自封、一成不变。但是，这要在继承传统的基础上发扬光大。

尽管我为语文教学现状担忧，然而对其前景仍持乐观态度。

一、教海拾贝

## 21. 与电梯维修工一席谈

电梯坏了。

大楼里住着的百来号人顿时乱了方寸。老人、小孩儿叫苦不迭,主妇、上班族怨声载道。终于,唤来了维修工人。师徒俩忙乎了半天,故障才得以排除,电梯如常运行。住户们再次得到"上上下下的享受",笑逐颜开,连声称好。

那位年岁大的师傅在我门前小坐。我为他沏了杯普洱茶,他边抽烟边和我神聊。知道我是教语文的,他似乎碰到了知己,话匣子随即打开……

"我原本在安徽芜湖一所省重点上学。高考仅差一分,没被录取,就到上海来谋生,学了一门修理电梯的手艺,做了十几年'新上海人'。"他点燃了烟,说,"我成绩不差,特别是文科。语文考分总是班里第一,老师还把我作文当作范文读给大家听。"说到这儿,他有点沾沾自喜。

"四年前,儿子也来上海了。好不容易进了一所重点小学读书。"

"那你安心了。"我插了一句。

"安心?烦人的事多着呢!不说别的,就说语文吧!"他吸了口烟,说,"孩子读四年级了,写的字歪歪扭扭,读起书来磕磕绊绊。300来字的

与讲台同在

作文，表达不清楚不说，还错别字连篇。不知道老师是怎么教的。"说到这儿，他有点无奈。

我为教师不平："你讲的有失偏颇。老师也是在认认真真地教，他们很辛苦。"

"老师辛苦？我不否认。干哪一行不辛苦？关键是要教会学生，教好学生。就像我们修电梯的，忙乎了半天，电梯还是卡在那儿，不能上上下下地跑，你们满意？电梯经常发生故障，让你们不时找我修理，你们高兴？"

我微微点头，认同他说的。

"语文课，老师就是要教会孩子读书、写字、说话和写话，这是命根。整天做题目，整天不读书，能学好语文？"他接着说，"一天，儿子订正作业。他填的是'（漆黑）的天空''（光秃秃）的草地'。老师都算错。我想这可以呀！孩子说，应该填'（蔚蓝）的天空''（绿油油）的草地'。因为书上是这么写的。天哪！还有标准答案？"他谈兴正浓，接着说，"还有更离奇的题目，至今我还想不出来，向您老人家请教。'（　　）的阴凉'。"他期待我给出答案。我思忖良久，摇摇头，也不会。

他喝了一口茶，继续说："我真想去看看老师是怎么教的。'家长开放日'，我终于走进课堂听了一节课。老师像演戏一般地说话，极不自然。课堂里热闹得很，学生又是看幻灯，又是做游戏，却很少读书、写字。孩子们抢着发言，我的孩子一言不发，也不举手。回家后问他，他说：'就算我举手，老师也不会叫我。因为谁回答什么，事先都说好的。'"他有点激动了，"这不是在坑孩子吗？"我无语，却在思索。

他接着说："更不可思议的是，老师批改作文极其草率。打个钩，写个'阅'，注上日期，批个成绩，完事！如此教，孩子会作文？这样教书我也会！"

他掐灭了烟蒂，背起工具袋起身告辞。在等候电梯的当儿，他说："老先生，其实，维修电梯和教育孩子一个理儿。电梯需要维修，孩子在于培育。是吧?"此时,电梯门洞开,他跨了进去。电梯里,他对我摆摆手:"我是粗人,说得不对,别见笑。"顿了顿,又说:"您的普洱茶好喝,醇香!"

"电梯需要维修,孩子在于培育!"一个电梯维修工的心声。

## 22. 市长为我埋单

车驶出上海城区，向东拐入沿江高速公路，再北行百十公里，即可抵达风光旖旎的常熟市。

常熟，简称虞，湖光山色，人杰地灵。它以悠久的人文历史及秀丽的山川景色享誉江南。据称，它还被列为"全国宜居城市"之首。人临此境，会乐不思蜀，流连忘返。

然而，给我留下深刻印象的倒不止是这些，恰恰是该市副市长为我这个陌生客埋单的那顿早餐。

8月，我应石梅小学顾泳校长邀请，来到常熟参加他们学校的教师暑期培训。18日早晨，顾校长驾车接我用餐，她自豪地说："今天，带您去尝尝咱常熟特色小吃。"

细雨霏霏，空气清新。我们穿过整洁幽静的大街，拐进石板铺地的小巷。抬头瞥见一家小店，门面上方赫然写着四个大字："一碗馄饨"。刚要步入店门，却见一位中年男士疾步奔入馄饨店，此君四十出头，人颇精神，步履矫健。他没带雨伞，便用手提包举过头顶充当雨具，遮挡着密密细雨。

似乎他与顾校长熟识，彼此点头招呼。顾校长却未向我介绍此客为何方神仙。

很普通的一家点心店。店面不大,仅置放十来张桌子。生意还算兴隆,食客十余人。我们挑了位于门口的两个空位坐下。服务员是一位上了年岁的大嫂,动作有些笨拙,却还算勤快,一旦食客起立离座,她迅即上前收拾碗具,让后来者入座。

不多工夫,顾校长端来两碗馄饨,笑盈盈地说:"吃吧,尝尝咱小地方的特色小吃。它不添加任何调味品,却鲜美无比。"

碗里盛着十几个鼓鼓的馄饨,还有一个大汤圆,汤水上面漂着几丝葱花,油香四溢,叫人垂涎欲滴,胃口大开。我舀了一个馄饨张口食之,啊,果真美哉!皮薄味佳,滑溜滑溜的,爽极!馅里头有香菇、荠菜与鲜肉,此时,不由想起幼时外婆包的馄饨滋味——也是这个味儿。顾校长见我吃得津津有味,轻声说:"刚才在门口遇到的那位男士,是我们常熟市的常务副市长,他已经为我们埋单了。"

"副市长?"我有些惊诧,"他和咱平民百姓一样上街吃馄饨?"

"是啊!他就住在我们学校附近,我们经常见面。"

"你们的副市长好亲民啊!"我感慨地说。

正说着,副市长吃完馄饨欲走出店门,我赶忙起立向他致意:"谢谢您请我吃馄饨。"

"哪里。"他起先一怔,随即握着我的手说,"应该我谢您——上海的老专家,欢迎您来我们小地方指导工作。"言毕,匆忙走出店门,消失在细雨之中。

"味儿怎么样?要不要再来一碗?"顾校长笑吟吟地问。

"好啊,再来一碗!难得能吃到这么鲜美的馄饨。"我不客气地说。

"这一回,得由我来埋单喽。"顾校长笑着说。

我吃着第二碗馄饨,打趣地说:"这家馄饨店该换个店名……"

"换个店名?"顾校长有些不解。

"该叫'两碗馄饨'。"我建议道。

## 23. 翟晓波的作业本

三月，春寒料峭。

由于众弟子的造访，沉寂的居室顿时热闹起来。

饭后茶余，我取出近日报纸，指着一条新闻请他们阅读。

这是一条简讯，介绍一位临床药师，开发了医疗风险药物版系统，用于审查药物—病人—疾病之间的关系，并建立"智能化用药监控警示互动系统"，与医师对接交流，促其改正用药错误。这位临床药师，系同济大学附属东方医院的主任药师翟晓波。新闻边上，附着他的近照——一位五十岁左右的学者。

众弟子读完之后皆称："这发明好，可避免诸多失误，保障病人健康。"有弟子戏称："翟晓波能和屠呦呦媲美，应该颁他诺贝尔奖。"

我告知他们，本人不但认识此君，还教过他语文，是他的班主任。40年前，他9岁，读三年级。

听我如此一说，屋子里立马沸腾起来，年轻人纷纷表示，教师者崇高、伟大！还狠狠地夸了我一番："桃李遍布天下。"

随即，我取出一本泛黄的簿子："这是翟晓波小时候的作业本。"

一、教海拾贝

屋子里顿时像油锅中撒了一把盐——炸开了！大家竞相观看。

"哇，真有这等奇事！40年前学生的作业本您还留着？"小焦老师惊讶地问。

小王老师疑惑地说："师傅，简直成天方夜谭了吧？"

"贾老师，"小徐校长急切地央求，"快跟我们说说这作业本的故事……"

我一边翻阅着作业本，一边介绍起当年上课时的情景：

是时，1976年10月，"四人帮"被粉碎，我走出"牛棚"，登上讲台。学校"革命委员会"让我担任三年级2班班主任，兼教语文，翟晓波就是这班的学生。有十年不翻教科书了，凭着尚存一点"底气"，还凑合着为学生授课，一直把这班孩子送至毕业。

记得，我每每上课，总要花点时间，对学生进行单项读写训练。或"默写词语"或"听写句子"，或"给文章添'小尾巴'"（续写），"给文章起个'名字'"（命题），"让作文和自己一起长大"（扩写），"让'胖作文''瘦身'"（缩写）……每天练习，每天批改，每天讲评，每天订正。学生兴趣盎然，我则乐此不疲。

记得，我还让孩子写日记。有话则长，无话则短，三言两语亦可，只要读来有趣就好。每每读着孩子率真的话语，看着学生稚嫩的字迹，满心欢喜，似乎正在灯下跟孩子进行心与心的交流。一个孩子写的那一截话，至今还记得："爸爸的脸上长着密密麻麻的胡子。每天早上，他都要对着镜子刮胡子。每当他刮胡子的时候，我总会想起老师教的诗句：'野火烧不尽，春风吹又生。'"

众弟子都笑了，笑得近乎失态。

"那么，您是否留下每个孩子的作业本？"小钱校长问。

"哪里，凭我经验。一个孩子假如自小酷爱读书，喜好发问，不怕吃苦，乐于助人，那么，他长大以后很可能在事业上会有建树。"我顿了顿，接着说，"我会悄悄地将其作业本、发言稿、照片及至保证书等一并放在袋子里，留着，静候着他长大后的喜讯。事实证明，被我看好的孩子，长大了干出点名堂的还真有几个：当电视台节目主持人的，被世界著名大学聘为教授的，成了名噪一时的电影演员的，德艺双馨的医师、建筑师的……翟晓波也该算上一个吧！如今，这本作业本也该归还给他了。"

"教师的目光要准，眼睛要'毒'，心地要善，嘴巴要'甜'。"

送走客人时，我将作业本的复印件分送给他们，还叮嘱了一句："做教师的，心里必须装着学生……"

一、教海拾贝

## 24. 教材史上的一件轶事

20世纪80年代末及至90年代中,人民教育出版社出版的小学五年级语文教材里,收录了一篇课文,题为"穆老师的眼睛"。

文章近千字,内容浅近,语言活泼,构思巧妙,充满童真和童趣,颇受孩子们喜欢。不少教师还将它作公开教学用。记得,文章开头是这样写的:"穆老师的眼睛是双眼皮儿,乌黑的眼珠又圆又大。初看,好像没有什么特别,可是你仔细一瞧啊,嘿,穆老师的眼睛会说话。"接着,文章写了"我"在"穆老师"那双会说话的眼睛督促与鼓励下,克服陋习,转变为好孩子的几个事例。

由于教材没有注明文章出处,读者误以为是哪一位作家的作品。其实,这篇供五年级学生阅读的文章恰恰是一个二年级学生的习作。这个学生叫顾宇,在上海虹口第一中心小学读书,我教过他三年。

1980年起,每逢周日上午,我在上海少年儿童图书馆辅导小学生"阅读和作文"。一个早晨,虹口第一中心小学校长李鸿钧带着一个稚气未脱的孩子找到我,说:"这个孩子叫顾宇,读二年级,很有天分,作文写得不错,请你带带他。"又补充了一句,"他父亲是个职业军人。"就这样,我收下了他。以后，每逢周日早晨，总看见一个军人带着这个孩子到图书馆来。

初次接触，发现孩子无甚特别，皮肤黝黑，性格内向，不善言表，也不见有出众之处。作业本上的字歪歪扭扭、大大小小，不像李校长介绍的那样"很有天分"。可是，他的习作倒有点"与众不同"，写的尽是孩子间有趣的事情。有一次，我试着推荐他去参加上海市小学生作文比赛。未曾料及，他写的《娇凤》日记七则，居然得了个特等奖。上海教育出版社编审查如棠先生喜形于色，主动为习作写"讲评"，对顾宇同学称赞不已："这是一个仅读二年级的小学生写的几则日记。相信，谁看了都会高兴……可以看出，成绩的获得是由于顾宇小朋友养成了乐于观察，善于思考，勤于练笔的良好习惯。"

于是，我关注起这个孩子，并提供他不少学习机会：和著名儿童文学作家任溶溶座谈，访问画家"三毛之父"张乐平爷爷，听董健吾牧师介绍当年收养毛岸青弟兄俩的传奇故事，到龙华飞机场观看军用飞机起飞与降落之情景……还借给他经典读物让他浏览，"行千里路，读万卷书"。读各类各样书，打开他智慧之门；参加各种社会活动，丰富他生活阅历。随之，妙言佳作源源不断出现在他作文本上。

这期间，他交给我一篇习作：《朱老师的眼睛》。看了它，我暗暗窃喜。文笔流畅，构思独特，不失为一篇佳作。我清楚，文中写的朱老师就是时任虹口区教研员朱静英，我熟识她。啊！写得太像了："朱老师的眼睛是双眼皮儿，乌黑的眼珠又圆又大。初看好像没有什么特别，可是你仔细一瞧啊，嘿，朱老师的眼睛会说话。"

市教研室教研员王德智先生告诉我，天津新蕾出版社编辑沙衍孙先生需要上海小学生习作，希望我能提供稿件。我顺手将顾宇写的《朱老师的眼睛》给了他。不久，顾宇这篇习作刊登在1982年3月出版的《小学生作文》上。

再之后，人教版五年级课本里，出现了《穆老师的眼睛》一文，我仔细比对两篇文章，发现课文除了将"朱老师"改成"穆老师"外，其他，竟然和顾宇的习作《朱老师的眼睛》毫无二致。

以上，便是这件教材史上的轶事之来龙去脉。

若干年之后，得知顾宇在一次车祸中不幸丧生。英年早逝，令人扼腕。不可思议的是，将顾宇介绍给我的李鸿钧校长也遭不测。一个雨天里，他骑车时因雨披所碍惨遭车碾，不治身亡。

唉……

附：顾宇习作《朱老师的眼睛》

### 朱老师的眼睛

虹口区第一中心小学　二年级　顾　宇

朱老师的眼睛是双眼皮儿，乌黑的眼珠儿又圆又大。初看好像没有什么特别，可是你仔细一瞧啊，嘿，朱老师的眼睛会说话。

语文课上，我看看书桌里那一块漂亮的新橡皮，手痒了，不知不觉地伸过去，想要摸一摸。正巧被朱老师看见了，她好像在暗示："顾宇，你怎么做小动作啦！"我的手马上不痒了，赶紧放在背后，认真地听老师讲话……

我懂得朱老师眼睛讲的话，小朋友们也懂得朱老师眼睛讲的话。一天自修课上，朱老师站在教室门口和家长谈话，小朋友们便随便地讲起话来。这时朱老师回过头来，用眼睛盯着我们看了一下，仿佛在批评我们："怎么讲话了！"小朋友们马上静下来，教室里顿时鸦雀无声……

有一次，朱老师在大礼堂里给我们上《乌鸦喝水》这一课，有三百多位老师听课呢！朱老师提问：乌鸦为什么能喝到水？我马上把手举得高高的，朱老师请了我。我看看这么多的老师，心里很慌，那颗心啊，咚咚地直跳，回答得很轻。朱老师的眼睛马上向我投来鼓励的目光，似乎在说：

"对，对，声音再响亮点儿！"我看着朱老师的眼睛，胆子"大"了，声音也响亮起来。这时朱老师的眼睛向我投来赞许的眼光，好像在说："讲得真好！"

期中考试我得了"双百"，朱老师可高兴啦！她在给我发奖品时，眼睛笑得弯弯的，似乎在说："顾宇啊，这次考得真好，下次还要得'双百'！"

记得有一回，我生病住院了，过了一个多星期才上学。上课时，朱老师不时用眼睛看看我，仿佛对我说，"顾宇，吃得消吗？身体舒服吗？"我的病刚好，精神还不太好，但一看到朱老师的眼睛，精神又提起来了……

下课，朱老师和我们一起玩的时候，她的眼睛也会说话。一次，我们玩"老鹰捉小鸡"。朱老师当"老鹰"。她一下子跑到东，一下子跑到西，眼睛呢？睁得大大的，好像在提醒我们："嗳——当心，我要捉住你们啦！"真糟糕！末尾的一只"小鸡"跑得太慢，被捉住了。这时候呀，朱老师的眼睛笑得可真欢，似乎在说："哈哈，这会儿可被我捉住了！"

现在朱老师虽然不教我们了，每当我看到朱老师时，总先要看看她的眼睛，看看对我说些什么。

**贾老师点评：**

人们常说，眼睛是心灵的窗户。这篇作文正是透过朱老师那双"会说话的眼睛"，为我们展现了朱老师热爱教育事业，精心培育下一代的美好心灵。顾宇同学年龄不大，但已具备观察生活、组织材料的本领了，表现在他善于选取一个能贯穿全篇文章主线的材料——朱老师的眼睛。

这篇作文，不仅选材好，写得也亲切自然。能做到这一点，是因为小作者写了自己熟悉的事物，写了自己的真实感受。

一、教海拾贝

## 25. 40年前听的一堂语文课

在人们呼唤"让语文回家"的当今,油然想起40年前听的一堂语文课。虽说事隔多年,我却记忆犹新。

执教者是陈老师,教的是五年级课文《砂轮的启示》。文章不可谓不精彩,叙述的是"沙粒在被聚集粘合做成砂轮之前,是一堆被风轻轻一吹就四散飘零的散沙,没有丝毫抵御能力,更别论斩钉截铁了。但这些散沙一旦被有机物组合之后,脱胎换骨做成了砂轮,就好像注入了新的生命,成为了坚如磐石、其利断金的刚强整体"。文章语言考究,结构严密,思想性更是显而易见。

听课者不下500,济济一堂。那时,我还未走出"牛棚",无缘授课,更不用说听课了。因为得搬运桌子和椅子,所以,工作之余,我得以躲在一隅听课了。

陈老师对教材钻研深入,理解亦属深刻,在课堂上神采飞扬,滔滔不绝。欠缺的是课堂不闻书声琅琅,也不见议论纷纷,更谈不上质疑问难了。学生始终处于被动地位,很少见他们读和写、讲和练。

未曾料及的是,作者朱伟伦先生亦亲临现场观摩,课后还被请抒其感言。其时，他还是个不出30的青年。他步上讲台，腼腆地说："陈老师分析得十分在理，我很钦佩。其实，我写作的时候，似乎没有想得那么多、那么深……"闻者哗然，议论一片。

由此，想到我们当今的语文课。

课改以来成绩有目共睹，但问题也伴随而生：课堂上太多资料补充，太多媒体演示，太多"泛语文"活动以及太多形同虚设的小组讨论等，都或多或少减损了语文的学习功能。执教者比较在意讲解教材，分析课文，其实，是把一篇完整的课文肢解得支离破碎。言者，使尽解数；闻者，索然寡味。长此以往，语文教学效果不佳则成必然。

叶圣陶先生早在70年前就说过："语，即口头语言；文，即书面语言。语文课，是教师在课堂上借课文作例子，教会孩子说话和写话。""课文，仅是例子而已。"凑巧的是，某领导在2006年教师节前夕，也说过类似的话："你们（指学生）不但要学到课本里的知识，更要学会表达。"真是同工异曲！

语文究竟该怎么教？有的是"教教材"，有的是"用教材教"。"教教材"，必定主次不分，面面俱到；"用教材教"，则目标明确，重点突出，内容丰富，效果显著。二者泾渭分明。

我们不妨扪心自问：我是在"教教材"，还是在"用教材教"？

## 26. 杏坛回眸 50 年

我没有上过师范学校,也没有进过高等学府大门,按现在的要求,该是下岗的"不合格教师"。那么,我是如何学会上课,并且在讲台上一站就是 50 年呢?

### 当教师,是出于一种无奈

现时的教师,选择这一份工作,或出于对教育事业的憧憬;或考虑到工作比较稳定,多一份高尚、清闲,少一份市侩和俗气;或因家庭经济状况欠佳,乏力深造,报考师范,可免除一笔昂贵学费。而我步入这一岗位,是出于一种无奈。

我父亲是个商人。解放前,他经营运输、木材、房地产与进出口等业务。为求生存与发展,他既要取得地下党、进步人士帮助,又得周旋于国民党达官贵人之间。左右逢源,如鱼得水,所以生意还算红火。

解放初,正在海外发展事业的他,应邀回国。岂知,风云突变,回到上海仅半年即被错捕错杀。我们被戴上"反革命子女"的帽子扫地出门。

时年我11岁，读小学五年级。

以后几年里，靠母亲帮人洗衣维持生计，我勉强读到高中，还加入了青年团。然而，好景不长，1958年高中毕业那一年，随整风反右之后的整团开始了。我因"出身于反动家庭"等原因而被清除出团。尽管读书还算用功，学习成绩也不差，终因"家庭出身不好"，连续四次报考大学均未录取。求学无门，生活无着，只能靠打工代职谋生。

我啥活都干：拉车、扛包、送药、绘图……凡能挣个十元、八元，是不敢放弃机会的。哪个学校有教师病假，我则忙着去代课。遇上个"产假代课"，则十分难得。那时，产假期56天。遇着一个"产假"，至少可以代职两个月。再说，小学里女教师多，代了这个"产假"，另一位教师又"生产"了……

我深知这一份工作来之不易，故十分珍惜。工作没比别人少做，业绩也不比其他教师差。校长见这年轻人还顶用，教课也不错，想"转正"我，岂知一经"外调"就露馅儿，好事终于变成坏事，我被清退了。

这样的生活一直维持到1966年。

## 关入"牛棚"，失去人的尊严

史无前例的"文化大革命"开始了。其时，我在一所小学代职。"革命洪流"洗濯"污泥浊水"。我们八个兄弟姐妹无一例外遭到冲击。正在大学里教书的长兄被红卫兵殴打致残，病死医院。我的遭遇也好不了多少。

当时，尽管我尚算敬业，工作也属出色，但还是厄运难逃，被"揪出来"关入"牛棚"，批判斗争，游街示众。戴着尺余高帽，手执破簸箕坏笤帚，爬行于操场上，被赶挨打。在"革命群众""红卫兵小将"的"簇拥"下，从一楼爬到四楼，墨汁涂满衣襟，鼻涕口水洒得我满头满脸。

呜呼！人的尊严丧失殆尽。

这样的日子一直维持到第三年——1968年。"清理阶级队伍"运动开始了。我历史清白，未有劣迹，但仍不能教书。我的工作是冲洗厕所、打扫校园以及随时接受批判斗争。

下面一幕，我永远无法从记忆中抹去。

秋日，已有几分寒意。我被唤进了一个办公室面壁思过。我明白，又要当一回"活靶子"了，此时我已几近麻木。

一年级近200个孩子席地而坐，又呼口号又唱语录歌曲。这一天，他们要学的课文是"雄文四卷"的首篇首句："谁是我们的敌人？谁是我们的朋友？这个问题是革命的首要问题。"

读过句子之后，执教教师问："什么样的人叫敌人？"

学生答："坏人就是敌人。"

教师肯定这一回答之后，又问："谁是坏人？"

一个学生说"黄世仁是坏人"之后，其他学生相继补充："还有南霸天、刘文彩、座山雕、刁德一等"。教师又问："这些坏人你们见过吗？"

学生一齐回答："见过——"

"哪儿见的？"

"电影里边。"

教师说："不对，不对，那是演员演的。真的敌人见过没有？"学生当然说没有。于是，这位教师趁热打铁，说："那么，给大家看一个真的敌人！"

于是，我被摁着头，反剪着双手押在了这些天真的孩子面前。

此时，教室里群情激昂，口号声震耳欲聋。

我的姓名成了"敌人"的注脚。从此，我成了人人喊打的过街老鼠，度日如年。那年，恰好是我而立之年。

## 洗辱雪耻，还我一身清白

只要不失去自信心，只要对事业、对理想尚存一息希望，那么，厄运可能是一个深不可测的宝藏。

在那个几乎令人窒息的年代里,我没有动摇过对事业的追求,没有对人生、对前途丧失信心。我对生活仍然充满希望。

希望是热情之母,它孕育着力量,孕育着生命。希望是世间万物的主宰。

"四人帮"终被粉碎,拨乱反正,有错必纠,强加于我身上的一切不实之词,终于被推倒。"乌云终拨开,天日又重现。"知识分子的春天到来了。

我的工作热情来自于殷切的希望。我拼命地工作,感情是朴素的,动机是单纯的。一则想把失去的时光追赶回来,二则想向人表白我绝不是如人所说的那种人。走路快了,吃饭快了,连骑自行车的速度也比往常快了许多。我只图省出些时间,多读些书,多备点课,多和学生接触,多出一点成绩。

当时的中央领导提出"多出人才,早出人才,快出人才"的口号以后,我一度头脑发热,提议"由本人语算包班,一年教完两年课程,四年级学生随五年级的一起报考中学",经过校领导同意后即付诸实践。我夜以继日地干,曾晕倒在讲台边,被唤醒后"不下火线",继续工作。最后,这一班学生参加了升学考,升学率居然还相当可观。当时,此举在社会上、在教育界引起了争议,孰是孰非,各执一词。

此一时,彼一时。假如用今天的目光去审视这一事件,当时我的所作所为近乎荒谬可笑。唯一获得的好处是,在这一年教学实践中,对如何有效地提高学生语文水平,我摸索到一点途径,总结出一点经验。简言之,即:把课堂还给学生,把时间留给孩子;教师须精讲,学生得多练。

十一届三中全会的召开,邓小平同志复出,彻底改变了我的命运。我用自身努力证明了我是一个称职的教师,同仁也改变了对我的态度。我终于洗辱雪耻,身证清白。

1994年,获上海市特级教师称号;1999年,获浦东新区开发建设特殊贡献奖；2000年，获"浦东名师"称号。

又，1989年上海高级人民法院及长宁区人民法院经过艰苦细致的审理，查明我父亲"反革命"一案在"认定事实和适用法律上均有不当"，予以纠错并全面落实政策。

从此，背在我身上的精神十字架终于全部卸下了。我再次获得了新生。

### 我的教学里有着大姐的影子

我不善教课，于是经常求教大姐。

大姐贾志勒，长我14岁，1948年毕业于上海圣约翰大学英语文学系，高材生。上海解放后，她在一所中学执教英语。由于历史原因，后又改教汉语，同样教得出色，颇受学生欢迎。

她教我如何把握教材，如何设计教案，如何驾驭课堂，如何评改学生的作文等。她待人真诚，学识渊博，语言生动，语感极佳。普普通通的一件事，只要一经她叙述描绘，就会变得生动有趣，让人爱听。

她所介绍的一个个"教例"给我留下深刻印象。这对我以后能成为一名合格教师不无作用。

记得，她告诉我教《评战犯求和》一文时，是这样导入的：

首先指出"战犯"是指那些发动战争，对人类犯下滔天罪行者。德国希特勒、意大利墨索里尼、日本东条英机等均系战犯。接着指出，"和"指和平。"战犯"与"和平"格格不入，水火不容。如今，"战犯"却乞求起"和平"，这岂非咄咄怪事？对此，毛泽东同志如何评论？这正是今天要学习的《评战犯求和》。

寥寥数语，言简意赅，行云流水，丝丝入扣。既揭示课文题旨，又激发学习兴趣，可谓精彩之至。

大姐还教我怎样当教师。她常说，教师首先要爱生，其次要读书。爱生是立业之本，读书是立身之本。她还说，人要有傲骨，但不能有傲气。

　　大姐去世已经多年，然而，她那平凡的人生，朴素的语言感动我一生。

　　在我的教学里就有着大姐的影子。

　　在教《我不怕鬼》时，我是这样导入课文的：

　　师："字如其人"的意思是，做人要老实本分，写字要规范认真。（板书"鬼"）

　　师："鬼"字读第三声，它有几笔？

　　生甲：9笔。

　　生乙："鬼"字有9笔。

　　师：都答对了。但是我更喜欢乙同学的回答，因为她的话完整。如果用部首查字法检这个字，该查什么部？

　　生：查撇。

　　师：（见无人提出异议）可惜，你和我犯了同样的错误。该查鬼部。你们见过鬼吗？

　　生：（不假思索）见过——

　　师：（吃惊）见过？真是"见鬼了"！

　　（此时课堂气氛十分活跃。）

　　生：（迅即改口）没见过。

　　师：原来，在人们对一些自然现象无法解释时，误以为是神在主宰世界一切。人生在世，凡积德从善者，死了就上天堂成仙；凡恶行满贯者，死了就下地狱成鬼。据说鬼的形象丑陋恐怖，所以人们都怕鬼。（在"鬼"字前添加"怕"字）

　　有神论者怕鬼，无神论者则认为世上没有鬼。他们不怕鬼。（在"怕鬼"前添加"不"）

　　有一个人就"不怕鬼"。谁？是"我"。（在"不怕鬼"前添加"我"）

　　师："我"是谁？

生：鲁迅。

师：对！鲁迅是个旧时的知识分子，所以人们都尊称他为"鲁迅先生"。你们了解他吗？

（学生纷纷介绍各自对鲁迅的了解）

（教师再作系统概括）

师：今天，我们要学习的课文《我不怕鬼》，讲的是鲁迅先生从日本留学归来不久发生的一件事。

如此导入课文，既介绍鲁迅其人，故事背景，又激发学生阅读的兴趣。

大姐是引领我走进语文教学园地的导师。我要感谢大姐对我的引导和教诲。

## 教给学生的必须是准确无误的

课堂教学是一门艺术，更是一门科学。

艺术需要丰富多彩，熠熠生辉；科学则需要严肃认真，一丝不苟。

教课，既要生动——引领学生走进文本，热爱文本；更要严谨——教给学生准确无误的知识。

备课，是教师走进文本的第一步。

一、教师要读通课文

拿到课文之后，我总是先要读上几遍。读准每个字音，读通每个句子。凡是要求学生做到的，教师必须做得更好。率先垂范，学高为师。

我是上海人。对南方人而言，说好普通话不是一件易事。前后鼻音，平翘舌音往往分不清、读不准。碰着困难，我一边查字典，一边请教同事、同行，乃至学生。

我认为，教师有不懂或不会的地方，是正常的，不用回避。可怕的是滥竽充数、敷衍了事，教给学生不正确的，甚至是错误的东西。

读课文，不但要读通，还要读熟，做到烂熟于心。这样做的好处是能走进文本，把握课文的脉络，掌握课文的重点，体会作者的思想感情。有时候，一个巧妙的教学主意，往往就产生于对文本的熟悉。

二、教师还要读懂课文

阅读教学，就是教师、学生、文本三者之间的对话。文本是教学的材料与载体。对文本中的各个元素的理解可以有所不同，然而，凡属主流的、本质的、重要的东西必须准确把握，毫不含糊。

教完《我不怕鬼》这篇课文之后，我引领学生又回到课题上，指出读"我不怕鬼"这四个字，重音落的位置不同，产生的意思也会发生变化。根据我们对课文的理解，重音应落在哪里呢？由于学生读懂了课文，很快找到了答案。

重音不能放在"我"字上面。否则，变成"你们都怕，唯有'我'不怕"，显然不符合课文原意。

重音也不能落在"鬼"字上面。否则，变成"鲁迅什么都怕，就是不怕鬼"，这也不符合文意。

重音落在"不怕"上面是恰如其分的。因为鲁迅是个无神论者，他不相信世上有鬼。这样的读法是与文意相符合的。

通过深入细致的讨论，并进行亲身体验，学生进一步领悟了课文的内涵。

总之，我们教给学生的必须是准确无误的东西。因为，"教师的眼里是容不得丁点灰尘的"。

## 教学是一门缺憾的艺术

当球王贝利踢进第 1000 个球时，记者问贝利："你踢进的 1000 个球中，哪一个进球最为精彩？"

贝利说："下一个。"

其实，课堂教学也是如此，对于优秀教师来说，精彩的课，永远是"下一课"。学无止境，教无止境。备课要不断修改，教学得经常调整，一成不变是行不通的。用同一个教案去教不一样的学生，其教学效果也是迥然不同的。

教案是教师写下的对教材的理解，对教学方法的选择，对教学过程的安排。这是预设的，是教师在上课前的"一厢情愿"。而课堂教学由于教学对象、时代背景等因素的不同，往往会出现许多意想不到的情况，可谓瞬息万变。这便要求教师要不断修改教案，适时调整自己的备课。

《惊弓之鸟》是一个成语故事。讲的是古时候魏国有名的射箭能手更羸不用箭，只拉一下弓就射杀一只大雁的故事。

课文结尾处，写到更羸向魏王讲述了雁落的原因之后，没有再写魏王的话。为此，我曾设计了一个拓展性练习，让学生写一两句魏王赞美更羸的话。

学生思维活跃，想象丰富，写得各具特点。在交流时，孩子们跃跃欲试，妙趣横生。课后，有一听课教师指出，此练习不甚妥帖，其理由是：当时魏王不可能赞美更羸。因为魏王是一个心胸狭窄的君主，容不得人超过自己。当他目睹更羸"不用箭，只拉一下弓就把大雁射下来"这一幕之后，心中不悦。据说，当时他口上不说，其实心中早存杀机。返城不久，便把更羸杀了。

听了这位老师的话，我觉得颇有道理。但此说究竟有无根据，我一时拿捏不准。于是就去请教大学教授，还亲自查阅了《战国策》的有关章节。通过进一步钻研，了解到"更羸射雁"的故事出自战国时期策士的巧言劝君之辞，它缺乏作为史学的基本条件。魏王杀戮更羸，更是无据可查。而作为语言训练，教师抓住阅读材料中提供的资源，让学生做适度的拓展练习，也无可厚非。

教学就是这样，永远是一门遗憾的艺术，只有不断学习，反复实践，才能接近它的真谛。

## 课堂教学要真实、朴实、扎实

再好的教案也需要课堂实践的检验。因此，课堂教学要在"实效"上做文章，要在"有效"上下功夫。

教学必须创新，不创新是没有出路的。教学又有它自身的规律，我们必须按照规律办事。

课堂教学应做到"三实"：真实、朴实、扎实。真实是教学的本色，朴实则体现教师的教风，扎实能让教学目标落到实处。

现时，课堂教学中存在着一种浮躁虚高的现象，尤其是在一些公开教学中。一些青年教师一味追求形式上的多样、课堂上的热闹，很少让学生安静下来，读点书，提些问题。离开文本远了，时间长了，对学生的发展没有好处。我们要把课堂还给学生，让学生静下心来好好读书，从书中获得真正的知识。公开教学，不能本末倒置。教者要"目中有人"，这里的"人"是指学生；又要"目中无人"，这里的"人"是指看课的教师。

我不赞成像外国人那样一窝蜂地搞什么"热"，他们所流行的不断翻花样的做法并不值得我们去效仿。新的不一定都是好的。面对严肃的课堂教学，不要借新潮之名回避教学中的问题。风中的物体，会有各种各样的形态，站着的、摇摆的、倒伏的。但是，有生命力的教学从来都是迎着压力站着的教学。孔子倡导的启发式教学，现在不是仍在流行并实施着吗？

"善歌者使人继其声，善教者使人继其志"。语文教师要备好课，就应博闻强记，通古晓今，需有"知学"。要当一个语文教师不算太难，而要成为一个称职的、优秀的，乃至像于漪、袁瑢那样的出类拔萃的语文教师，实在不易。

语文教师应该是个杂家，即"半个编辑""半个作家""半个演员""半个书法家""半个演说家""半个剧作家""半个播音员""半个幽默大师"……如果我们真能如此的话，那么应该是个教育专家了。

苏霍姆林斯基曾听一个历史老师上课，听课时竟忘了记录一个字，因为那课太精彩了。课后，他问那个历史老师："你备课花了多长时间？"那个老师说："我备这堂课直接时间15分钟，但是我一辈子都在备这堂课。"

"用一生的时间备课"，我也是这样实践着的。

### 亲近学生，当个称职的教师

几十年的教学实践，让我悟出了一个真谛：

爱事业、爱学生是教师一切工作的出发点、原动力。只有播下爱的种子，才能得到真的收获。教师从事的是"阳光事业""未来工程"，也可以这么认为：今天，我们为孩子安排学习和生活；明天，我们的晚年生活将由这些孩子安排。种瓜得瓜，种豆得豆。现在，我们付出一分的情，将来得到的却是无限的爱。

作为一个小学语文教师，爱的落脚点在哪里？我认为，除了要全面关心学生的身心健康外，更多的是为学生创造一个宽松的、欢愉的学习环境，让他们在毫无精神压力的气氛中学习并掌握祖国的语言文字，变"要他们学"为"他们自己要学"。

我上每一堂语文课，课前要花大量的时间熟悉教材、查阅资料、精心备课，不放过教学上的一个难点，不放弃一个学有困难的学生。

从实际出发，求得满意的结果。不弄虚作假，不摆花架子，求真、求实、讲究实效。

我认为，舞台表演艺术与课堂教学艺术二者最大的不同是：舞台表演艺术，重在结果，它追求的是完美无缺；课堂教学艺术重在过程，它需要的是循循善诱。"台上一分钟，台下十年功。"我们看舞台表演，欣赏到的是"台上一分钟"；我们组织课堂教学，靠的是"台下十年功"。在课堂教学中帮助学生从不断失误之中得以纠正和提高，确实是很艰苦的工作。

正由于此，我坚持认为：课堂教学应该体现"一本两主"精神，即

"以学生为本，以训练为主，以激励为主"。根据是什么呢？这是因为：

学生是学习的主体，教师是组织学生、帮助学生学习语言的辅导者，主次不能混淆，更不能颠倒。课堂的空间与学习的时间，理应由学生多占多得，不可以本末倒置，这是毋容置疑的。

语言是一种技能。掌握技能需要通过无数次的操练，就像学习溜冰、骑马一样，从不会到会，从不能到掌握，必须通过无数次的练习，由失败走向成功。如若不让学生去实践、去体验，是绝对行不通的。

**愿做红烛，为后人照亮前行的路**

有个禅理故事：慧能的两个弟子看到风吹树动。一个说风动，一个说树动。争执不下，就去找师父慧能。慧能说："非树动，亦非风动，乃心动耳。"原来，一切的一切，都只是心在动。教学亦通此理。

在我五十余年的教学生涯中，有辛酸的泪水，更有甜美的甘露。我付出不少，但得到的则更多。我爱孩子，爱给孩子上课，我爱这一份平凡而又普通的工作，我更爱这项神圣而又伟大的事业。

"十年树木，百年树人。"教师的天职是育人，是把希望的种子撒下大地，是把爱的阳光洒满天下。

但求夕阳无限好，何须惆怅近黄昏？老有老的好处，老有老的用处。老骥伏枥，志在千里。我会用自己的绵薄之力，再为祖国的教育事业添一根柴，将这盆火燃烧得更旺；在祖国教育事业的宏伟蓝图上再添一笔绚丽的亮色，用我的双手托起明天的太阳。

因为，这是我的责任——不可推诿的社会责任。

红烛是极其普通的东西，然而，它可贵的是不求索取，但求奉献。我愿作一根红烛，耗尽自己，为年轻人照亮前行的道路。

## 27. 东隅已逝　桑榆非晚

"教育"的另一个名字叫"影响"。在我引导下，众多学生亦喜好读书，亦养成良好习惯。他们已经走向世界各地，各自追求幸福人生。

本人教书已逾五十五载，然，生活依旧清贫简朴，只是不愁温饱冷暖。少的是银子，多的恰是书柜里藏书。一次，我邀请学生到寒舍做客。一个学生惊呼："啊！贾老师家有十三个书柜！难怪他肚子里藏着无数故事！"

退休之后，生活淡定，却有规律。本人无其他嗜好，依然和书做伴，与报为侣。临街窗前，一杯绿茶，一张报纸，一支铅笔，一本名著，可以打发一整天。

2002年，适逢民进小教陆家嘴支部建立"夕阳红读书会"，众多读书爱好者在季凤仙老师组织下，一块读书，共同讨论，彼此交流，其乐融融。我受邀亦欣然参加。在此时此地，我们这班老人"纵论天下，畅所欲言。挥毫作文，各抒己见"，真正体现"老有所学，老有所为，老有所乐"，不亦乐乎。

"活到老，学到老。学到老，学不了。"学无止境。雨果言：60岁为老年之少年，70岁为老年之中年，80岁才算是真正之老年。因此，我们还算年轻，还可小有作为。窃以为，唯将时间用于读书上面，活得才有意义，生命才更显精彩。

日月光华，旦复旦兮。"夕阳红读书会"成立已届十年。"十年精彩乐无穷，读书更使夕阳红"，衷心祝愿"夕阳红读书会"蒸蒸日上，越办越"红"！

东隅已逝，桑榆非晚。

# 二、课堂记忆

二、课堂记忆

# 1. 《爸爸的老师》课堂实录

【课前，学生背诵《木兰诗》】

【上课，全体起立，师生问好】

## 一、导入课文

师：小朋友最喜欢过节了。过节了，可以呆在家里看各样的书；过节了，可以到各地旅游。咱们中国的节日特别多。哎，10月1日是什么节呀？

生：10月1日是国庆节。

师：6月1日呢？

生：6月1日是儿童节。

【赏析：学习的关键是兴趣，一开始贾老师就以"过节"这个话题抓住了学生的兴奋点，调动了他们参与的积极性，为后面引出教师节从而导出课文作好了铺垫。】

师：说点难的——9月10日是什么节呀？

生：9月10日是教师节。

师：真的难不倒大家。9月10日是教师节。【板书：教师节】一起读——

为什么要设定一个教师节呢？原来，政府要号召全社会来尊敬老师，重视教育。教师节是老师的节日。

这一天，老师一定会早早地起来，穿着最漂亮的衣服站在教室门口等待着学生的到来。

学生看到老师会深深地一鞠躬，说一声"老师，祝您节日快乐！"并送上一束鲜花或者一张自制的卡片。这个时候，是老师最幸福的时刻了。

师："教师"和"老师"是不是一码事呀？有不一样的地方吗？

生："教师"是书面用语，"老师"是口头语。

师：对了。正像"父亲"为书面用语，口头语言是"爸爸"。

【赏析：贾老师在点拨指导学生理解"教师"与"老师"、"父亲"与"爸爸"的区别时，看似平常，其实是对语文基础知识的巩固，凸显了对语文基本功的重视，为学生理解课文、发展语用能力打下坚实的基础。】

【板书：爸】一个字读——"爸"；

【板书：爸爸】两个字读——"爸爸"，第二个字读轻声。

【板书：爸爸的】三个字读——"爸爸的"，后两个字读轻声。

【板书：爸爸的老师】五个字呢？——"爸爸的老师"。

师：【指着板书】这是今天我们要学的一首诗。诗的语言比较凝练。古代人写的叫古诗，现代人写的叫现代诗。写给小孩看的叫儿童诗。儿童诗的语言比较浅近，口语话，所以，不用"父亲的教师"，而用"爸爸的老师"。

这首诗是任溶溶爷爷所写。我们一起读课题："爸爸的老师——"

二、字词教学

师：课文里的几个字词会念吗？

数学家　学问　任溶溶　猜中　新鲜　鞠躬

师：字会念了，意思明白吗？

这两个是多音字【指"任"和"中"】，任，读第二声。读"姓"的时候读第二声，任溶溶。一般读什么？任（第四声）。什么地方读"任"的？任务，胜任，前任，班主任。

这个字念什么？中（第四声）。平时我们念什么？中（第一声）。什么地方念"中"？中国，中间，当中，中华。

师："鞠躬"什么意思？无需你解释。只要你做一个"鞠躬"的样子，说明你已经懂了。【学生鞠躬】

师：鞠躬是咱东方人的一种礼仪。西方人流行握手，表示友好；拥抱，表示亲热；甚至亲吻。咱们中国人流行的是抱拳、鞠躬。

鞠躬，小孩向师长鞠躬，理所当然。待到师长向小孩鞠躬，那是惊天动地的了。"鞠躬"的"躬"这个字，身体像个弓。受它影响，许多人把"鞠"字也写成"弓"字旁，那就错了。

师："新鲜"啥意思？"爸爸还有他的老师，你看有多新鲜呀。"这"新鲜"什么意思？

生：稀奇、奇怪，很少见的。很奇怪，叫新鲜。

师：【手持两个新鲜的"桔子"】"这两个桔子很新鲜。"这句话通吗？

生：通。

师：说明"新鲜"这词至少有两个解释。

生："新鲜"有两个解释：第一，指新奇、奇怪的意思；第二，表示刚从树上摘下的果子，刚从冰箱里拿出来的食物，刚从菜场里买来的食品，新鲜，没有变质的就叫"新鲜"。

师："学问"什么意思？

生："学问"是指知识。

师：对了，有知识才叫有学问。"学问"哪儿来？边学边问就有学问了。

师："数学家"什么意思？

生：对数学研究有成就的专家。

师：谁是"数学家"？

生：华罗庚是数学家。

陈景润是数学家。

祖冲之是数学家。

外国的阿基米德是数学家。

师："大数学家"呢？是不是这个数学家长得人高马大的？

生：不是。它指比较有名的数学家。

师：对了，有名的数学家叫"大数学家"。那么谁是"大数学家"？

生：华罗庚是大数学家。祖冲之是大数学家。

师："老数学家"什么意思？

生：年纪大的数学家叫"老数学家"。

师：谁可以称"老数学家"？

生：华罗庚是老数学家。

祖冲之年纪大了也是个老数学家。

陈景润年纪大了也叫老数学家。

师：不尽准确，陈景润63岁就去世了。英年早逝，所以，我们不忍心称他为"老数学家"。

【赏析：词义完全可以在字典上查到，可是那种解释是干巴巴的。贾老师让学生结合生活和体验来理解词义，尤其是理解"新鲜"一词的两种意思时，特意准备了新鲜的带着叶子的橘子帮助学生理解词义，直观且印象深刻。而且在理解词义的环节中还特别注意训练学生的表达能力，如概括"新鲜"一词的两种意思，指导学生把话说规范、说清楚。】

### 三、朗读指导

师：字词会读了，意思理解了。那么文章会读吗？

这首诗一共13个小节，42行，392个字。谁会读？我请13个同学合作读完这首诗。每一个人读一个小节。

## 爸爸的老师

任溶溶

谁不知道我的爸爸,
他是大数学家,
再难的题也能解答,
嗨,他的学问真大。

我这有学问的爸爸,
今天一副严肃的样子。
他有什么要紧事情?
原来去看老师!

我的爸爸还有老师?
你说多么新鲜!
这老师是怎么个人,
我倒真想见见。

我一个劲求我爸爸,
带我去看看他。
我的爸爸眼睛一眨,
对我说道:"唔,好吧!"

可是爸爸临走以前,
对我反复叮咛,
要我注意这个那个,
当然,我什么都答应。

与讲台同在

我一路想这位老师,
该是怎么个人,
他一定是胡子很长,
满肚子的学问。

他当然是比爸爸强,
是位老数学家。
他要不是老数学家,
怎么教我爸爸?

可是结果你倒猜猜:
爸爸给谁鞠躬?
就算你猜三天三夜,
一准没法猜中。

鞠躬的人如果是我,
那还不算稀奇,
因为爸爸这位老师,
就是我的老师!

不过我念三年级了,
她呢,还在教一年级。
她是我爸爸的老师,
你说多有意思!

这老师看着爸爸,
就像看个娃娃:

>     "你这些年在数学上，
>     成绩确实很大……"
>
>     你想爸爸怎么回答：
>     "我得感谢老师，
>     是老师您教会了我，
>     懂得二二得四……"
>
>     我才知道我的爸爸，
>     虽然学问很大，
>     却有一年级的老师，
>     曾经教导过他。

师：13个同学中，几乎个个都读得很好。我请两位读得最好的同学合作再读一遍。

【两学生合作读完这一首诗】

他们两个读得一样好，真可谓难分伯仲，不分上下。【教师奖励给每个同学一个还挂着两片叶子的桔子。】

【一个学生得到一个桔子后，向教师鞠了一躬】

师：他们俩谁做得好呀？他做得好。示谢之后还要鞠躬。

【赏析：读课文的环节充分体现了《语文课程标准》指出的"阅读教学是学生、教师、文本之间对话的过程"。形式多样的读让学生从整体把握课文到充分感知课文，从轻声、像说话一样读课题到学生分小节读课文、教师示范读、学生示范读等，以读代讲，使学生在积极的阅读情境中深入文本，有效地培养了学生的朗读能力，让学生在读中实现自我体会、自我感悟。】

**四、语言训练**

师：爸爸的老师是男的还是女的？

生：女的。

生：男的。

生：爸爸的老师是女的。当"我"还不知道爸爸的老师是男还是女的时候，就用单人旁的"他"。后来，"我"见到了她，才知道爸爸的老师是女的，所以，后面人称代词用女字旁的"她"。

师：对，说得很精彩。

【教师在"爸爸的老师"前板书"起先，我以为"】

根据课文内容说一句话。起先，我以为爸爸的老师……

生：起先，我以为爸爸的老师是一个有着长胡子、满肚子学问的老数学家，一定比爸爸强的老数学家。

【教师在"爸爸的老师"前板书"后来，我才知道"】

师：根据课文内容，说一句话。

生：后来，我才知道，爸爸的老师是一个教一年级的女老师，我读三年级了，她还在教一年级。

师：谁能把两句话连起来说？

生：起先，我以为爸爸的老师是个有着长胡子，满肚子学问，一定比爸爸强的老数学家。后来，我才知道爸爸的这位老师在我上三年级的时候还在教一年级。

【教师在"爸爸的老师"外加上书名号】

师：我加了这个符号，再读。爸爸的老师。读法一样。加了什么标点呀？

生：加了书名号。

师：加了书名号，读法还是一样。但是介绍起来可不一样。《爸爸的老师》这首诗，《十面埋伏》这部电影，《喜羊羊和灰太狼》这部小说。

师：《爸爸的老师》这首诗，讲的是什么？你能用几十个字来概括吗？

生：《爸爸的老师》这首诗说的是教师节到了，爸爸带着我去看她的老师。起先，我以为这个老师一定是个有着长胡子，满肚子学问，比爸爸还要强的大数学家。后来,我才知道,爸爸的老师是我念一年级的时候教我的老师。

师:对。谁再来说?

生:《爸爸的老师》这首诗说的是教师节快到了,爸爸带着我去看她的老师,起先我以为爸爸那个老师是一个长着长胡子,满肚子学问,并且比爸爸还要强的老数学家。后来我才知道,原来爸爸的老师就是一年级教过我的老师。我现在读三年级了,她还在教一年级。

师:真好。有人说100个人读《王子复仇记》会得到100个主人公的形象,同样,我们这里30几个小朋友,读了《爸爸的老师》一定有30几个体会。每个人说一句话。

生:我学了《爸爸的老师》这首诗,知道了无论一个人有多强,他总会有教过自己的老师。

生:《爸爸的老师》这首诗,让我明白了在教师节那天我们要感恩老师。

生:爸爸虽然是一个很有学问的人,但他却非常尊敬他的老师。

师:对呀!学问再大的人,也会有自己的启蒙老师。

生:读了这首诗我明白了一个道理:不管是多有名的人,多伟大的人,他们都会有一个启蒙老师。

师:说得真好。

生:读了这首诗我知道,即使再伟大的人,遇到自己的启蒙老师,也要恭恭敬敬地向老师行礼。

生:读了《爸爸的老师》这首诗之后,我明白了越是伟大的人,越会对自己的老师有礼貌。

师:为她鼓掌。越是伟大的人,越是懂得谦虚,越是会尊敬老师。

师:正因为这样,所以人们会用最美好的语言献给老师。你想用哪些美好的语言歌颂老师?

生:"春蚕到死丝方尽,蜡炬成灰泪始干。"

师：对，对呀，多么美好的语言！

生：老师像春蚕。春蚕到死丝方尽，留作他人……

生：老师像蜡烛，燃烧自己，照亮别人。

师：真好。

生：教诲似春风，师恩似海深。

师：好，真好！

生：老师就像园丁，一直浇灌着我们这些小树、小苗；老师就像学海里的一叶扁舟，搭载着我们渡过学习中的难关。

师：哎哟，真好！

生：老师就像黑夜里的一盏明灯，照亮我们学习的道路。

师：哎哟，真好！我也想说几句。

老师像春蚕，春蚕到死丝方尽，留作他人御风寒；

老师像一盏蜡烛，照亮别人，耗尽自己；

老师像人梯，让人家踩在自己的肩膀上，去攀登光辉的顶点；

老师就像渡船上的渡工，把一批批人送到理想的彼岸，然后又回到原来的出发点，等待着下一批人的到来。

生：一日为师，终身为父。

生：万丈高楼平地起，千里之行始足下。

【教师在"老师"后加一个逗号】

师：每个人写一句话。看谁写得最好。对老师说一句悄悄话。

生：老师，您教会了我那么多知识，您就像春蚕。

生：老师，您辛苦了，祝您教师节快乐！

生：老师，您辛苦了，您就像园丁，浇灌着我们这些嫩芽。

生：您辛苦了，您照亮了我成长的道路，您帮助我渡过了学习的难关。您是我启蒙的向导，您是我成长的摇篮。我将永远铭记您的恩情。

生：老师，您辛苦了。我永远会把你铭记在心。

生：老师，您就像黑夜里的一盏明灯，照亮我们学习的道路。您辛苦了。

二、课堂记忆

师：嗯，真好。这小孩常常有惊人之作。她讲得就跟人家不一样。我期待你。

生：老师，谢谢您对我们的教诲。我们永远不会忘记您的。

师：说得真好。

【教师将黑板上最后两个字"老师"擦掉】

"老师"没有了。上哪儿去了？到每个同学的心坎里去了。老师常驻在你的心坎里，和你一起学习，一起生活，一起成长。

当你取得成绩的时候，老师在你的心窝里咯咯地笑；当你遇到困难的时候，老师说别哭，坚强一些。

你成长了，老师也高兴；你遇到挫折了，老师为你加油。

老师就是你一生中最好的伙伴。

你长大了，老师却老了。

你有成就了，老师的华发变白了，皱纹爬上了额头。

等到你取得很大的成就的时候，老师退休了，老师老了，什么都做不了。

老师就这么伟大。下课！

【全体起立——】

"小朋友——再见"。

生："老师——您辛苦了！"

【鼓掌】

【赏析：贾老师的课堂就是本色课堂，真实、朴实、扎实地落实了新课标提出的语文"应致力于培养学生语言文字运用的能力"。贾老师成功地借助课文，既培养和发展了学生的语文能力，又寓德育教育于听说读写、字词句篇的训练中，相信课堂结束时，随着板书的一点点擦去，对老师的感念与感恩已经深深地刻在了每一个学生的心中。这种看似无痕的教育其实是大道至简，令人击节赞叹！】

（评析人：焦丽辉老师　山东省章丘第二实验小学）

与讲台同在

## 2.《我的发现》课堂实录

【上课，师生问好】

师：【开门见山】这个字居然有很多人不认识。你们认识吗？【在黑板上书写"發"】横撇，点，撇，撇，捺，横折，横，竖折折钩，撇，横折弯，横撇，点。一共12笔。怎么念？

生：真。

师：【不无遗憾地】真的不认识。有认识的吗？

生：发。

师：读发，【惊讶地】你怎么认识的？

生：查字典时看到的。

师：查字典，当然是一个好办法。还有吗？

生：麻将牌里有这个字。

师：是啊，144张麻将牌里有4张写着这个字的牌。这个字是繁体字。【向生展示"發"字麻将牌】现在，我们已经不用这个字了，难怪大家不认识它。简化成——【书写"发"】撇折，撇，横撇，捺，点，一共5笔。这个字念——发。

生：发。

师：用它组成的词可多啦，比如：发明——爱迪生发明了电灯；发生——2008年5月12日，汶川发生了特大地震；发达——日前，巴黎连续发生了爆炸案，英国、德国、法国等发达国家都风声鹤唳，草木皆兵。还有吗？

生：发现。

生：发誓。

师：对了，我们发誓一定要学好母语。还有吗？

生：发掘。

师：近年来，四川这个"天府之国"，发掘出许多文物。

生：发财。

师：发财，是"众望所归"。但是，一定要用正当的手段发财。还有吗？

生：发落。

生：发表、发起。

师：好吧，就说到这儿。刚才有一个同学说到"发现"【板书"发现"】，一起念，发现。什么叫发现？

生：发现就是观察到的事物。

师：观察到的事物就是发现吗？

生：别人没有观察到的事物，我观察到了就是发现。

师：对了，比之前的学生说得准确。还有吗？

生：我想补充一下。发现就是某种东西不是人造的，而且你是第一个看到的。

师：说得不太清楚。不一定是客观存在的东西，比如真理，是看不到的，但可以说你发现了真理。所以，别人没看到的，你看到了；别人不知道的，你知道了；别人不明白的，你明白了，就叫作发现。一起读，发现。

与讲台同在

谁能用"发现"说一句话？

生：我发现了一只蚂蚁。

师：当然可以这么说，那是小小的发现。还有吗？

生：我发现了写作的新方法。

师：写作没有新方法可言。学习写作唯一的方法就是多读、多思、多改，没有什么新方法，所以，这不算你的发现。

生：我发现我们家门前的树长高了。

师：对啊！你说。

生：我发现火星上有水，还有空气。

师：不是你发现的，那是美国人发现的。

好了，今天我们要学习一篇课文就是与"发现"有关，课题是——【板书：我的发现】请四个同学分别读，看谁读得好。

生$_1$：我的发现。

师：读得一般。

生$_2$：我的发现。

师：你读得比他好。

生$_3$：我的发现。

师：真好，比她读得更好。

生$_4$：我的发现。

师：一起读，我的发现。

生：我的发现。

【点评：贾老师的这堂语文课是从一个"发"字开始的。他先板书了"发"的繁体字，一下子就吸引了小学生的注意力，因为这样的"教"新奇、有趣，符合儿童的认知心理。然后让学生用"发"组词，这是词汇的激活与学习的分享。又让学生大致理解"发现"的意思，用"发现"说一句话。最后才揭示课题"我的发现"，请学生读一读。贾老师的语文课具有鲜明的特色，开篇也不同凡响：层层深入，丝丝入扣，课题的导入过程

就是语言文字的学习过程。】

师：这是一篇很有趣的课文，一共7个小节，598个字。请大家各自读一遍。

师：43个同学读得都很认真。生字要会读。好在我们有汉语拼音这个工具。8个生字，谁来读前4个？

生：伐、瘦、矮、辅。

师：三声要读清楚，矮、辅。后面4个谁来？

生：撒、羔、聊、祟。

师：真好，播音员就是这么读的。哪位同学能将8个字读准？

生：伐、瘦、矮、辅、撒、羔、聊、祟。

师：不错，但不算最好。最好的——谁来？

生：伐、瘦、矮、辅、撒、羔、聊、祟。

师：字会念了，还有4个词，谁会念前面两个？

生：腿脚有疾、足音辨人。

师：对了，哪个同学能念后面两个？

生：深信不疑、措手不及。

师：哪个同学能把4个词一起读好？

生：腿脚有疾、足音辨人、深信不疑、措手不及。

师：真好，不但要会读，而且要明白它们的意思。比如说，疾就是病，腿脚有疾就是指腿脚有病。谁来说？

生：辨就是辨别，足音辨人就是通过走路的声音能辨别出走来的是谁。

师：措手不及呢？

生：措就是措施。

师：可以这么说，看我的口型。【教师做说"办法"的口型】

生：办法。

师：那措手不及是什么意思？

生：来不及想办法。

师：对呀！

师：会读，还要能写好字，这两个字特别难写【板书"瘦"和"辨"】，瘦是病字部。辨字中加什么可以变成其他的字？

生：加个瓜字，变成花瓣的瓣；加个言字，变成辩论的辩；加个绞丝，变成辫子的辫。

生：【学生向教师提出意见】老师，你把"瘦"字写错了。

师：【学生指正，教师却不解】请你来修改吧。【学生上讲台，将"瘦"字的一竖延伸，教师颇泰然】老师写错字真不应该，你们千万别写错。写字要坐正。字如其人，一般来说，字漂亮，人也漂亮。

【点评：贾老师教学字词是采取集中识字方式。读准字音、认清字形、明白字义，教学有条不紊，扎实有效。看似简单，其实不然："点出要读好第三声""用生字'辨'找熟字"，体现教的针对性；提出不仅要"读准"，还要读好，体现教的层次性；当学生指出教师把"瘦"字写错了的时候，教师不但虚心接受，而且因势利导，进行学习与做人的教育，体现了教的生成性。字词是学生构建语言大厦的基石，贾老师极其重视字词的教学，这是在给学生夯实语文的基础，否则，"基础不牢，地动山摇"。】

师：课文会读吗？7个小节，我读第一节，请6个同学读后面6个小节。读书要大声、要清晰、要连贯，还要读出感情。【教师示范朗读第一段】

【6个学生相继朗读课文后面的6小节】

师：【赞叹】读得好极了，我没听到过学生能读得这样好的，6个小孩读得都相当好。

【指着两个学生】这两个同学读得尤其好。这一位声音华丽，听起来舒服。这一位虽然声音有点儿沙哑、毛糙，但很有感觉。我请这两个同学合作再读一遍。

【两个学生合作朗读课文】

师：听到了吗？读到这里她的语调变了，因为读的是爷爷说的话，所以语速要慢一点，声音苍老一点，是老人说的话，只有仔细听才能辨别出来。继续读。

【生再读】

师：听到了吗？又有变化了，因为这里读的是作者说的话。

【生继续读】

师：听到了吗？一点儿，句子里没有儿字，可是，她在读的时候就读出"儿"来了，这全凭自己的感觉。请把这句话再读一遍。

【生再读】

师：你看这4个"有时候"读得真好！

师：把掌声送给他们。这个女孩声音华丽，如果闭着眼睛听，还真以为是在听播音员读书呢，这个男孩虽然声音有点儿沙哑、毛糙，但是很有内涵。

【点评："读书百遍，其义自见"，朗读乃语文学习良方，语文课就是要书声琅琅。贾老师在朗读的指导上总是别具匠心，可以归结为三点。一是适度示范。课文有7个自然段，贾老师范读第1自然段，用自己的语气、语调等告诉学生什么是"大声、清晰、连贯，读出感情"。这样做，一举两得，既发挥了教师的主导作用，又把更多的时空留给学生，语文课堂毕竟是学生的学堂，而非教师表演的舞台。二是有效指导。在6个学生读完后，贾老师请了其中的两位学生合作读课文。其实，这是让学生做小老师：什么是高质量的朗读，小朋友可以达到什么样的程度。贾老师不直接挑明，而是借用学生的朗读来"说话"，多么有教育艺术！在两个孩子的朗读过程中，贾老师又点评了4次，每一次看似在表扬朗读的孩子，其实义是在巧妙地对其他孩子进行朗读指导，只不过了然无痕罢了。三是多多褒奖。鼓励为主是贾老师课堂的一大特色，表扬的时机恰当，表扬的用语精当。】

师：一起读课题，我的发现。

现在，请注意黑板上的词句有变化了：

【教师在课题上加了个书名号，变成：《我的发现》】

【教师板书："我"的发现】

【教师板书：我发现"我"】

【教师板书：我发现】

师：【指着这4句话】你会读吗？

【老师请4个学生读。】读是读对了，不过，说起来就不这么说了。加了书名号的是《我的发现》这一篇课文；二，是课文中的"我"发现，……

谁会接着说？

生：第一，《我的发现》这一篇课文。第二，课文中的"我"发现。第三，我发现课文中的"我"。第四，我发现。

【点评：语文课是训练学生如何表达的课程。这是贾老师的语文教学观。如何训练表达，课文就是例子，就是凭借。贾老师设计了4个说话题，这4个说话训练分别是：《我的发现》这一篇课文_____，这是对课文主要内容的概括；"我"的发现_____，要求学生扼要提取文本相关信息；我发现"我"_____，是引导学生从个人角度对课文主人公进行评价；我发现_____，要求学生用自己的话说自己的发现。

这些说话训练设计精巧。首先，让学生有话说，前3题都基于文本内容，但都有一定的思维要求，学生不可能照本宣科。其次，巧妙地融文本内容的理解于表达训练中，既可以通过说话来检验学生是否读懂课文，又可以在言语实践活动中学到或巩固语言知识，如书名号和引号的运用等。再次，这些表达训练题——尤其是第4题，没有"标准答案"，这就给了学生思维表达的空间，给了他们自由表达的机会。这对学生创新能力与健全个性的发展至关重要。】

师：那么，现在我们学着说，课文中的我发现了什么？在课文中找，有好多答案呢！

二、课堂记忆

生₁：课文中的我发现可以按脚步声的轻重缓急来辨别走来的是哪个老师。

生₂：课文中的我发现每个老师脚步声的特点。

师：不要这么说，每个老师的脚步声怎么样？

生₃：课文中的我发现每个老师的脚步声不同。

师：是不同，然后他能猜测出什么？

生₃：猜测出走来的是哪一个老师。

师：请你把这句话完整地说一遍。

生₃：课文中的我发现每个老师的脚步声不同，他能够分辨出走来的是哪一个老师。

师：谁像他这样再说一遍？

生₄：课文中的我发现老师的脚步声不同，他可以猜测出走来的是哪一个老师。

师：第三个，"我发现'我'"这个我（未打引号的我）是谁？

生：自己。

师：你发现课文里的我怎么样？

生：我发现课文中的我留心周围事物，能足音辨人。

师：还有吗？

生：我发现课文中的我好动、聪慧，留心周围事物，能以足音辨人。

师：我把数字1和2擦掉，在《我的发现》和"我"发现之间加三个字："说的是"【《我的发现》说的是"我"发现……】。这样，能说一段话吗？我先提示一下，有三种情况，一般完成就行，只是说对了，说得深刻、全面一点，这当然是好的。有的同学不但说得全面、深刻，而且加上自己的认识，那是特别好了。你该怎么说呢？

生₁：《我的发现》这篇课文讲述的是课文中的我发现了可以从老师的脚步声判断出走来的是哪一个老师。

师：【不无遗憾】一般。

与讲台同在

生₂：《我的发现》这篇课文讲的是课文中的我发现老师的脚步声不同，所以他能猜测出来的老师是谁，说明他是一个留心观察事物的孩子。

生₃：《我的发现》这篇课文讲的是课文中的我发现每个老师的脚步声不同，课文中的我从中判断出走来的是哪一个老师。说明他是一个留心周围事物，能以足音辨人的孩子。

师：三个同学度都说得不错，不过，最后一个同学说得最全面。

【教师示范】《我的发现》这篇有趣的课文说的是课文里的我发现每个人的脚步声不尽一样，轻重缓急各不相同，他竟然能足音辨人。说明……谁能用自己的话说一说？

生：《我的发现》这篇有趣的课文说的是，课文里的我发现老师的脚步声各不相同，所以他能猜测出走来的是哪一个老师。

师：能不能在他的基础上说得更好？

生：《我的发现》这篇课文说的是，课文里的我发现每个老师的脚步声不同，从而判断出走来的是哪位老师，然后让自己充分地做好课前准备。

师：课文中的我发现了这个有趣的现象。如果我们留意的话，那么，我们也会有所发现。比如：

我发现天上乌云密布，蜻蜓低飞，就知道要下雨了。

字如其人。一个人字写得怎样，可以猜测出这个人的兴趣、爱好以及性格特点。

前些日子，我们的习主席访问英国，受到英国民众热烈欢迎，习主席从飞机舷梯上走下来，走过红地毯……礼炮齐鸣。想当初，1840年，英国侵略者用大炮轰开了我们中国的大门，从此，中国人民受尽灾难。这说明咱们中国是强大了，咱们中国人民站起来了。

师：我们在平时听广播、看电视都会有发现……说的浅近一点也可以，深刻一点的也可以，"高精尖"的则更好了，历史的、地理的、风俗的，人情的……都可以说。

二、课堂记忆

　　【点评：如何有效提升学生语言表达能力？关键要看教师怎么教。除了巧妙的语言训练设计外，教师的主导作用还体现在很多方面，比如保障学生有充分的表达时间，学生发言之后即时点评等。贾老师在学生进行"我发现_____"说话前，为了打开学生思路，帮助学生表达，又进行了示范。他一共提供了三个样例，从内容来看，涉及学习、自然、政治等多个方面。这里既有学生熟悉的蜻蜓低飞等素材，也有学生平时接触不多的国事、天下事。从形式来看，有长有短，有的还有一定难度。我想，贾老师示范的价值就在于：提供多样化可能，学生可量力而行，都可"跳一跳摘到桃"。】

　　生：我发现了每当要下雨的时候蜻蜓都要低飞，这表明了蜻蜓在下雨之前就已经预料到了要下雨，所以它才要低飞。

　　师：蜻蜓不会预料，它是一种低级动物，为什么它要低飞，因为它的翅膀上凝结着水气，所以它飞不高。你犯了知识性错误。

　　生：我发现苍蝇爱搓脚，我断定，其实它也是一种爱清洁的昆虫。

　　师：你真了不起！这么喜欢观察昆虫，长大了，做一个法布尔式的昆虫学家。

　　生：我发现，现在有些大人会随处乱丢垃圾，倒是很多小孩子会把垃圾丢进垃圾桶，也可以说明以后咱们中国人的人文素质会不断提高。

　　师：这是一个伟大的发现。

　　生：我发现只要小溪解冻了，春天就悄悄地来到我们的身边。

　　师：多有诗意的语言！小河里的冰融化了，小溪开始唱起动听的歌，叮咚，叮咚！啊，春天来了……你就是一个了不起的小诗人呀！

　　生：我发现从一战到二战之间，隔了30年左右，二战到现在隔了70年了，虽然一战和二战都是德国挑起的，德国那个时候处在一个不好的集团统治之下，目前不会再次发生世界大战，说明了同盟国已经强大起来，全世界在共同发展。

　　师：说得真好，你真了不起，你说的话里的不少名词，我都听不懂。

生：我发现现在中国的化工厂越来越多，所以导致天上的PM2.5越来越多，生病的人变多，所以我们应打击化工厂，让人们不再受到PM2.5的侵害。

师：不是"打击"，而是限制化工厂的数量。

生：我想讲的也是跟空气有关的，但是与他讲的不一样。原来空气质量是100多，我身边的亲戚很多都有鼻炎，现在是60多，空气质量已经稳固上升了，现在空气质量越来越好了，以后，我们中国环境可能会越来越好。

师：真好，还有吗？

生：我发现，大风一来，雾霾就没了。

师：你的语言简练，一下子抓住了发现的本质。不过，治理雾霾，光靠刮风也不行。

生：我发现在国内外的餐桌上川菜都属于一道名菜，从中可以体现出我们四川的文化历史是多么悠久。

师：你的前半句话可改为"川菜是名菜"，这样，语句简练多了。

生：我发现古代的国家，匈奴太强大，人们不敢跟匈奴斗争，打不过就通过"和亲"——把自己的女儿嫁到匈奴，给他们送去很多的金银财宝，讨好匈奴。我发现这只是缓兵之计。飞将军李广真正是用实力去打击匈奴，使匈奴不敢蠢蠢欲动。我发现有一个好的领导人非常重要。

师：你的历史知识真丰富，见解也十分独特。

生：我发现自从贾老师您教我们之后，我们班发言人数越来越多，所以我知道您非常有感染力和亲和力，非常慈祥，是个好老师。【哄堂大笑】

生：有一个美食家吃遍世界各地菜品，就是不愿吃中国的，所以我发现咱们中国的食品还是有一点点不好的，还需要改进。

师：什么不好的？

生：添加剂太多了。【再次哄堂大笑】

生：我看到大屏幕上有很多老师留言，我就发现，原来真语文不仅仅在有老师观摩的课堂上,其实,真语文就是在我们身边。

师:说得好!

生:我发现,现在玩手机的人越来越多,同时,近视的人越来越多,所以我觉得人们应该少用电子产品,保护我们的眼睛。

【点评:短短几分钟里,学生竟说了这么多的"发现",而且,他们的"发现"还不简单:既有身边的四川美食、PM2.5,也有遥远的世界大战、古代匈奴……孩子们有这样的视野,这样的胸怀,这样的认识,真是让人高兴!孩子们还关注到了"低头一族",表达自己的忧思,提出"应该少用电子产品"的建议,真是让人钦佩!孩子们甚至发现了"真语文"在大屏幕的老师留言上,也在贾老师的课堂上。贾老师说,教育是一种期待。当教师怀有这种期待,孩子可以自由思考;当教师怀有这种期待,孩子就不怕说错、写错。这样的语文课,我们的孩子就有了精彩,语言的精彩,思维的精彩,合作的精彩。】

师:我写的这三个字,【屠呦呦】谁会念?

生:屠呦呦。

师:屠呦呦是谁?

生:屠呦呦奶奶是诺贝尔医学奖获得者。

师:奶奶,看来你知道她是个女的。她是咱们中国获诺贝尔奖的第二人。【转移话题】第一人是谁?

生:莫言。

师:屠呦呦不是院士,她就是一般的科学技术工作者,在连篇累牍的介绍她的报道中有一个导语引起了我的注意:"一个人如果小时候能不断地发现,长大以后,他就会有伟大的发明"。屠呦呦在年轻的时候,对周围事物很感兴趣,不断观察、不断研究、不断发现,养成习惯以后,大了,老了,终于有了伟大的发明,得到全世界的认可,终于登上了光辉的顶点。

【课就上到这里,下课。】

与讲台同在

【点评：什么叫"学科育人"？什么叫"教育无痕"？贾老师的语文教学就是。课文与生活融合了，学习与做人融合了。贾老师的这个设计，哪里还是设计？准确地说，这是他的"发现"，他以他的教学思想，以他的语文情怀，以他的博览群书，以他的教学艺术，发现了"屠呦呦"，发现了"导语"；然后，让这些育人好素材进入课堂，直抵孩子心灵。好的语文课，应该带着问题走进课堂，带着思考走出课堂。贾老师的《我的发现》，不就是这样的语文课吗？】

（评析人：谈永康　教研员　上海市松江区教师进修学院）

## 3.《作文特好玩》课堂实录

### 一、激趣导入

师：说来，你也许不信，作文特好玩。在数学里边，"1+1"只能等于"2"，还能等于几？

生：是的，只能等于"2"，不能有其他答案。

师："2×2"呢？

生："2×2"得"4"。

师："二二得四"，不能等于"五"。但是，语文就不一样了，它变化无穷。同样一个意思，可以用多种形式表达。比如，就拿我们忌讳的这个词——"死"来说，"生命的终结"叫"死"。"死去"，是口头用语，书面用语则叫"去世"。在书面用语里，"去世"还有不同的说法。长者死了，叫"仙逝"。孩子死了，叫"夭折"。【师随即在学生面前将一根筷子硬生生地折断】在火里面死去，叫"葬身火海"；在水里面死去，叫"遭没顶之灾"。英雄去世于不同地点、不同的死法则用不同的词语：在战场上死去，叫"牺牲"；在刑场上死去，叫"就义"；在岗位上死去，叫"殉职"。"好人"死去叫"逝世""上天堂"，坏人死去，叫"完蛋""见阎王""翘辫子"。皇帝去世叫——

生：驾崩。

师：对，"驾崩"。"驾"指"皇上"，"崩"就是咽气，"驾崩"专指"皇帝死了"。【讲述】三月的一个早上，电话铃声骤响："叔叔，今天凌晨三点，姑妈走了，走得很安详。"我手握话筒久久没有说话，默默地流下了两行热泪。"姑妈走了"，意思是"我的姐姐离开了人世"。"走了"，竟然可以表示"去世"。所以，我们不能对"老年人暂时离开"，随意说"爷爷走了"。你看，多有趣！再说"一个人在哭"这个意思，也可以用不同的表达方式。"小明哭了。"这是一种说法。"小明的两只眼睛一闭，挤出了几颗银豆豆。"这是另一种说法。"小明站在屋子的中间，看看爷爷，爷爷不理他；瞅瞅奶奶，奶奶不吭声；再望望爸爸、妈妈，他们各忙着各的，好像啥事也没有发生过一样。【这是写"小明哭的原因"】这一下，小明不乐意了，两只眼睛眨巴、眨巴的，泪水在眼眶里直打转，猛然间，两只小手往脸上一按，小嘴一张，'哇'地哭出声来。他一屁股坐在地上，摇动着身子，摆动着双腿，嘴里还一个劲地说'爸爸坏，妈妈坏，爷爷奶奶都是大坏蛋'。"【这是写"小明哭的时候的模样"】这又是一种说法。当然，我们还可以用其他方式来表达。语文真是太好玩了！

## 二、确定题材

师：写作文需要材料。没有材料，则写不成作文。有的小朋友说"我没东西写"，真是这样吗？其实，我们身上就有写不完的东西，更不说其他了。比如说这个字（板书：我）。一齐读。

生（齐）：我。

师："我"就是"自己"。"我"身上就有写不完的东西。信不？"我的名字有点特别"，可以介绍自己名字的来历；"我是个'调皮蛋'"，可以写自己顽皮的故事；"我是个'女汉子'"，刻画女孩独特的个性特点。再如："我喜欢吃肉""我是个'洁癖'""我粗心得很"……的确写不完呢！小朋友，你能用"我"打头，写一两句话吗？要写自己独有的、让人喜欢的、惹人讨厌的优点、缺点、特点……

【生写话，师巡视指导】

师：写好的同学，请把笔搁下。我请同学读一读自己的题目。

生：我写了两个题目："我很爱干净""我是一个贪吃鬼"。

师：改一改。第一个，把"很"字去掉，"我爱干净"，句子干净多了。第二个，改成"我是一个'吃货'"，"吃货"表示贪吃的意思，是网络语言，偶尔用之，比较生活化，可以一试。不过，要加上引号。

生：我是一个马虎精。

师：只知道有"马屁精"之说的，没听说过"马虎精"。将"精"字去掉，或者前面加个"小"字，变成"我是一个'小马虎'"。

生：我是家中的开心果。

师：很好！去掉"家中的"三个字，"开心果"加上引号。

生：我是一个马大哈。

师："马大哈"加上引号，表示是少见的"粗心人"。

生：我是一个动物迷。

师：动物迷？不妨改为"我喜欢小动物"吧！

生：我是一个地地道道的小财迷。

师："地地道道"这个词不必用了，"我是一个'小财迷'"即可，"小财迷"必须加引号。这些仅仅是写作的题材，我们还要围绕题材的中心意思把内容写具体。怎样写具体呢？那就要"用事实说话"。

【板书：用事实说话】

三、例文引路

师：怎样围绕中心来写呢？先听我读三段话，我读，你们听。想一想，这段话是围绕什么写的。【读第1段话】"我是一个粗心的孩子。做什么事都是大大咧咧、马马虎虎的。做数学题，不是把'加号'看成了'乘号'，就是把小数点给点错了位置，因此数学测验从来没有得过一次满分。语文课上，老师让我们默写'老大娘'，我粗枝大叶，把'娘'写成

'狼',变成了'老大狼',闹出了大笑话。"这段话是围绕什么写的?

生:围绕"我是一个小马虎"来写的。

师:你才是一个"小马虎"呢!这一段话里有"小马虎"三个字吗?

生:围绕"我是一个粗心的孩子"这一句话来写的。

师:对!要用心听。注意听第2段话。"河马的嘴比一般动物的嘴大。当它张开大嘴的时候,一个人跳进去,恐怕还填不满它的嘴哩;有人亲眼看到它一口把一条小船给咬成两截;当它咀嚼起五六厘米粗的芦苇秆子,就好比人们吃韭菜那么容易。"这段话是围绕什么写的?

生:这段话是围绕"河马的嘴比一般动物的嘴大"这句话来写的。

师:没错。继续听老师读第3段话。"我是一个集邮迷。在我的集邮册里,珍藏着许许多多珍贵的纪念邮票。听说邮局要发行一套新的纪念邮票,我取出平时积攒的零花钱,风风火火赶到邮局排队等候开门。一个夏日的中午,我突然发现一个黑咕隆咚的洞里面放着好多好多我喜爱的邮票,这一下,我乐不可支,就伸手去掏,掏呀,掏,邮票没有掏着,却挨了爸爸重重的一个巴掌。我瞪大了眼睛,捂着脸,歪着脖子看着爸爸,心想:'你为什么无缘无故地打我呢?'只见爸爸怒气冲冲地指着我的鼻子骂道:'你这个小子,不好好午睡,却把手伸到我的嘴里来掏,掏、掏、掏,掏什么来着?'"【学生哄笑】这段话写了什么?

生:这段话是围绕"我的集邮册里有许多邮票"一句来写的。

师:【摇头】不够准确。

生:围绕"我是一个'集邮迷'"这一句话来写的。

师:对。那么,作者是怎样把这一句话写具体、写生动的呢?【生答:用事实说话】为什么要用事实说话呢?我这里还有三段话,请同学读一读。

【生读,师及时评价】

生:【生拖腔拿调地读】我——的——名——字。

师:【纠正】不能这样读,要像说话一样读得自然、流畅。

生：【继续读】我的名字。我的名字特别简单，就叫"一"，因为我姓陈，所以大家都叫我"陈一"了。【师：开宗明义。】有的父母喜欢在自己孩子的名字里用上生僻的字，他们以为取的名字让别人不认识、叫不上，就能显示自己有文化、有水平。然而，我的爸爸不这么认为。你看，他给我取的名字，连名带姓也只有八笔，喊起来响亮，写起来省事。于是，在生活里、学习上大大方便了我。考试的时候，别人还在试卷上填写名字的时候，我已经开始答题了。这还得好好感谢为我取了个好名字的老爸呢。

【师：小作者抓住别人不注意的名字作为题材，可谓独具慧眼，别出心裁。写得也简单：我叫陈一；喊起来响亮，写起来省事；"我"得感谢老爸给我取了好名字。干净利落，文章就要这样写，言简意赅，清楚明白。】

生：【读】我长大了依然调皮。我把香水喷在花瓣上让妈妈闻；把鞭炮扎在狗尾巴上，点燃了，小狗吓得上蹿下跳，汪汪直叫。【师：这是略写。】一天下午，我睡不着，偷偷地爬起来晃悠。见爷爷睡得正香，便使恶作剧，想给爷爷画个"八字胡"，让他变成一个日本鬼子。于是，我用墨汁在爷爷的鼻子底下画了个"八字胡"。啊，真像一个鬼子军官。爷爷醒了，见我不睡觉，却在坏笑，便起来追打我。我大声地叫道："救命！救命！"爸爸妈妈闻声赶来，见爷爷这模样，不但不打我，还笑得直不起腰来。这就是我——一个永远长不大的调皮鬼。大人说，有我的地方就一定有欢声与笑语。【师：文通字顺，表达清晰，详略得当，描写也生动。作者选用三个事例来表现"我"的调皮。第一个和第二个事例都略写，第三个事例写得具体、生动，把"我"调皮的特点刻画得惟妙惟肖。】

师：【指着一位同学】请你朗读下面一段话。

生：我是一个十足的女汉子。腰圆胳膊粗的，力大无穷；和男同学摔跤，绝不处下风；经常会"路见不平一声吼，该出手时就出手"。【师："我是一个十足的女汉子。"何以见得？腰圆胳膊粗，力大无穷；和男同学摔跤，绝不处下风。还引用了大家熟悉的歌词"路见不平一声吼，该出手时就出手"。写了这三句话,"女汉子"的形象呼之欲出。示意学生继续朗读。】课间,看见两个同学合伙欺负一个同学,我会冲上去,一把将他们拉开,然后为那个弱势同学撑腰。看见同学在哭,我会上前安慰,如果哭的是女同学,我就递给她一张纸巾,说"别哭了,有什么大不了的?"假如哭的是男同学,我就告诉他:"嗨,别下雨了,眼泪就那么不值钱?"如果他哭个不停,我就把手握成一个拳头当作话筒四处叫唤:"大家来看啊,一个十足的娘们!"【师:这是四年级学生写的一段短文,写得真好。所谓"女汉子"就是指"有着男孩子一样性格的女孩"。文章开宗明义,"我是一个十足的'女汉子'"。经过简要介绍,这个"女汉子"形象呼之欲出,加上后面生动的描述,更将"女汉子"的形象刻画得活灵活现:读了,如闻其声;听了,如见其人。好文章也!】

师:看来,习作想给人以深刻的印象,就得用事实说话。下面,请你按这样的方法写几段话,把自己的特点写具体,写生动。一句话,要写得好玩。

【生习作15分钟,师巡视指导】

四、习作评改

【教师出示习作题目】"我和音乐有缘""我不是'假小子'""我是'小气'还是'大方'""我是一个'左撇子'"

师:这几个题材都很新颖,也很好玩,不太多见。我很想知道他们是怎么写的。

【生读习作,师及时评改】

生:【读习作】我和音乐有缘。听妈妈说,我从小就有许多音乐细胞。【师:"音乐细胞"?口头说说还可以,当作书面用语就不妥了。因为它不属于规范语言,还是用题目上的那句话吧,改为"我从小就和音乐有缘"。】

小时候,我听到美妙的旋律,就会停止哭闹;欢快的乐曲响起,我会手舞足蹈,发出"咿呀咿呀"的声音;悲伤的曲子传来时,我就静静地

二、课堂记忆

——【师：加上"坐在小车里边",以显示自己还是一个不能行走的小孩,和前面的"从小"联系起来了。】一声不响,好像变得忧伤起来。稍大一些,我会随着音乐节奏拍起小手来。妈妈说,那模样可爱极了!

我长大了,上四年级。我吹、拉、弹、唱、跳,都能"露一手"。【师:把第二个"我"字放到后面去】有一次,咱们浦东新区举行"弹唱嘉年华"活动。我上台用唢呐吹奏了一个《百鸟朝凤》曲子。【师:具体到一次什么样的活动,在哪里演奏,吹的是什么曲子。很好!】刚吹完,全场掌声雷动。赛后,组委会还颁发给我一个"特别奖"。别的男孩子房间里放的都是玩具,而我的房间里放着的全是乐器、乐谱。【师:这一句话和上面一句话语气上连接不起来,显得有点突兀。要么删去,抑或搬到"可爱极了"的后面。】

生:【读习作】我不是"假小子"。【师:"假小子"指的是"分明是个姑娘,却有着男孩的打扮和做派"。"不是'假小子'",这中间,一定有误会,一定"有戏",一定好玩!】

我有很多外号:"小笼包""西瓜太郎""蘑菇头"——【师:一个人有外号,不是一件光荣的事情,不值得炫耀。那是别人给你开玩笑,抑或是不尊重你的表现,因此,建议改成"我的那些玩伴给我起了不少讨厌的外号,什么'小笼包''西瓜太郎''蘑菇头'……"】就因为我的"蘑菇头",经常被大人们误以为是个"女生",闹出笑话来。【师:话没有说清楚。自己可能明白了,然而,读者却不一定清楚。】

有一天,我们上音乐课,我在教室的一角练习吹奏黑管……【师:建议把"奏"字划去】老师没有发现我,问大家:"那个长着'蘑菇头'的'假小子'呢?"同学们顿时哈哈大笑,异口同声地回答:"他不是女生,是男生呀!"

我跟着这位老师学了这么长时间,她居然不知道我是男生还是女生。你说有趣不?【师:有趣!有趣!真的有戏!真的很好玩!】

生:【读习作】我很"小气"又很"大方"。【师:"小气"和"大方"

是一对意义截然相反的词语。既"小气"又"大方",究竟是怎么一回事?我们拭目以待。】我很"小气",却又十分"大方"。【师:后面用"十分",那么前面要用"非常"。两个字对两个字,相应对称。】

　　说我"小气"吧,没错!我的零花钱谁也别想占用。即使是玩具、学习用品,也是妈妈给买的。【师:建议改成"也硬是让妈妈掏钱去买",这样写,显得自己"抠门"和"小气"。】她常逗我:"龙龙,你赚钱了,可以用自己的钱买东西啦!"我听了,头摇得像拨浪鼓一样,紧紧地抱着储蓄罐,唯恐她把罐子里的"银子"给掏出来。此时,妈妈总是拍一下我的额头,笑眯眯地说:"瞧你这个'小财迷'!"

　　说我"大方"吧,也对!学校里举行爱心捐款活动,我总是积极响应,出力出钱。上个月,传来我国南方闹水灾的噩耗后——【师:怎能用这个词呢?该用"消息"。】我毫不吝啬——【师:加上"倾其所有"一词,语气连贯。】捐出所有积蓄给灾民。此时,妈妈又摸着我的额头,笑容可掬地说:"咱家的'小气鬼'真'大方'啊!"

　　这就是我,一个充满阳光、富有爱心的小男生,既"小气"又"大方"。【师:总结全文,上呼下应。语势顺畅,一气呵成。】

　　师:他小气吗?

　　生:【众】小气。

　　师:他大方吗?

　　生:【众】很大方!

　　师:那为什么说"我非常'小气'却又十分'大方'"呢?

　　生:他对自己很小气,然而,对社会、对集体很大方。这正是我们要颂扬的好品格。

　　生:【读习作】我是一个"左撇子"。【师:不同凡响,独树一帜!第一次看到这样的题材,可谓抓住了特点。如果写得生动的话,一定好玩!】

　　我是一个活泼可爱的孩子,脑袋挺大,眼睛也不算小。可是在笑或者哭的时候,别人都不知道我的眼是睁着还是闭着。妈妈曾经问我:"你在哭或者笑的时候，眼睛是不是睁着的？"连妈妈都看不出，更别说其他人了。【师：这一段话固然写得生动有趣。可是，和"左撇子"有什么关系？扯远了，忍痛割爱，建议删去！什么叫"左撇子"？文章里面没有界定，读者不明白。是否可以写几句话说明一下，让读文章的人有所了解？】

奥巴马、达·芬奇、居里夫人等许多伟人、名人都是左撇子。【师：将"许多"划掉。奥巴马等人的身份知道吗？加上"美国现任总统"不是更清楚吗？再说，这些资料可靠吗？建议你在文前加上"据介绍"，这样就"进退自如，留有余地"了。再者，文中能否介绍个把我国的名人？比如我国羽毛球好手林丹就是。】嘿，嘿！没想到我也是"左撇子"。除了写字、做数学题，我是在妈妈的"镇压"下改成右手外——【师："镇压"一词有着特定的含义，不能随便使用。建议将其改成"高压胁迫"】干其他任何事时都喜欢用左手。打羽毛球，我用左手接发球。吃饭了，我用左手拿筷子夹菜。学弹钢琴时，大多数人都觉得用左手学起来慢，而我却能很快掌握。在图画课上，我来不及涂色，就"左右开弓"——【师：其他的事情就略写吧，而这一件事情，写得具体一点，以给人深刻的印象。】

你们看，我这个"左撇子"厉害吧？不过，我这个"左撇子"长大了，能不能成为伟人或者名人，就不得而知了。【师：这一段话纯属多余，建议删去。】

师：起好草稿以后，还要多读几遍。发现有不通顺、不贴切的地方，就要修改，有道是"文章不厌百回改"。越改，文章会越好。只有会修改文章了，作文才算好玩。请大家把草稿带回家，反复修改，"修改一百遍不算多"。下一节课上我们再来交流，一起再来"玩"。下课！

【原国家教委副主任柳斌先生："贾老师的这节作文课，是我听到过的最好的一堂作文指导课。这堂课最大的特点就是'实'，'实'在重视训练学生的用词造句、立意选择，'实'在关注学生的表达是否准确生动，这在当下是很难得的。"】

## 附：修改后的四篇学生习作

**1. 我和音乐有缘**

听妈妈说，我从小就和音乐有缘。

小时候，我听到美妙的旋律，就会停止哭闹；欢快的乐曲响起，我会手舞足蹈，发出"咿呀咿呀"的声音；悲伤的曲子传来时，我就静静地坐在小车里边一声不响，好像变得忧伤起来。稍大一些，我会随着音乐节奏拍起小手来。妈妈说，那模样可爱极了！别的男孩子房间里放的都是玩具，而我的房间里放着的几乎全是乐器和乐谱。

我长大了，上四年级。吹、拉、弹、唱、跳，我都能"露一手"。有一次，咱们浦东新区举行"弹唱嘉年华"活动，我上台用唢呐吹了一曲《百鸟朝凤》。刚吹完，全场掌声雷动。赛后，组委会还颁发给我一个"特别奖"。

**2. 我不是"假小子"**

我的那些玩伴给我起了不少令人讨厌的外号：什么"小笼包""西瓜太郎""蘑菇头"……

说起"蘑菇头"，那是因为妈妈图个好玩，就让理发师给我理了个蘑菇发型，加上我的皮肤比较白皙，喜欢和女孩子说话、玩耍，所以，不熟悉的人们经常误以为我是一个小"女生"。

有一天，我们上音乐课。课上，老师让我们独自练习吹奏乐器。我怕吵闹，就躲在教室一角练习吹黑管，老师没发现我，问大家："那个'蘑菇头'的'假小子'呢？"顿时，教室里哄堂大笑，大家异口同声地回答："他不是女生，是男生呀！"

真是的，我跟着这位老师学了这么长时间，她居然不知道我是男生还是女生。你说有趣不？

**3. 我究竟是"小气"还是"大方"**

我非常"小气"，却又十分"大方"。

说我"小气"吧，没错！我的零花钱谁也别想占用。即使是玩具、学习用品，我也不舍得掏出半个子儿去买，硬是让妈妈掏钱去买。为此，她常逗我："龙龙，你赚钱了，可以用自己的钱去买东西啦！"我听了，头摇得像拨浪鼓一样，紧紧地抱着储蓄罐，怕她把"银子"从罐子里掏出来。此时，妈妈会拍一下我的额头，笑眯眯地说："瞧你这个'小财迷'！"

说我"大方"吧，也对！学校里举行"爱心捐款"活动，我总是积极响应，既出力又出钱。今年3月，传来我国南方闹水灾的消息后，我毫不吝啬，倾其所有，捐出全部积蓄。此时，妈妈又会摸着我的额头，笑容可掬地说："咱家的'小气鬼'真'大方'啊！"

这就是我，一个充满阳光、富有爱心的小男生，既"小气"又"大方"！

### 4. 我是一个"左撇子"

一般来说，人们总习惯用右手写字、用右手刷牙、用右手握鼠标……如果用左手的，那就叫"左撇子"了。"左撇子"是少数，不多见。

据介绍，美国现任总统奥巴马、天才画家达·芬奇、伟大的科学家居里夫人以及我国羽毛球好手林丹等名人都是"左撇子"。

没想到我也是"左撇子"。我除了写字是在妈妈的"高压胁迫"下改成右手外，干其他事情都喜欢用左手：打羽毛球，用左手握拍；吃饭，用左手拿筷子夹菜；削铅笔，我也是用左手拿着刀片削的。

有一天，我们上图画课。起先，我东张西望，磨磨蹭蹭的，浪费了不少时间。快下课了，我还没有完成作业。啊！来不及给画涂色了，怎么办？此时，我不顾一切，搬上左手帮忙，"左右开弓"，三下两下的，不多会儿，就涂好了颜色。就在这时候，下课铃响了。老师见了我的画，还夸我想象力特丰富。

与讲台同在

## 4.《找手机》课堂实录

### 第一课时

**一、语文活动：讲解写作知识**

师：作文就是用笔说话，就是把平常看到的、听到的、想到的以及自己亲身经历过的有意义的事，围绕一个中心，按照一定顺序用文字表达出来。作文就像玩一样，是一件非常有趣的事。

但是，我们在学习作文的时候往往碰到许多困难，比较多的有两种：第一个是语句啰嗦，表达不清楚；第二个是写得不具体、不形象，因此，文章显得不生动。怎样来克服这两种毛病呢？很简单，我们只要学会两种方法：第一种，是"把长的变成短的"（板书：长的变成短的），就是概括（板书：概括）；第二种，是"把短的变成长的"（板书：短的变成长的），就是展开，你就能写具体了（板书：具体）。

【评析：这里可见贾老师作文教学的一个根本点，一切从学生作文的实际困难出发，通过自己创造性的"教"有效促进学生的"学"，一步步帮助学生克服作文过程当中遇到的矛盾、障碍。贾老师此处提出学生作文比较多的困难存在两个方面，一是"语句啰嗦，表达不清楚"，二是"写得不具体、不形象""不生动"。为此提出两种解决方案，一是练习概括，"把长的变成短的"，提炼意义；二是练习展开，"把短的变成长的"，写得具体。】

在阅读课上我们学得比较多、练得比较多的是"把长的变成短的"，也就是学习一段话，老师让你概括这一段主要讲什么；学了一篇文章，老师让你提炼这篇文章写了一件什么事。那就是要"把长的变成短的"。在作文课上比较多的，是要"把短的变成长的"，把一句话展开，写具体。

**二、语文活动：运用写作知识，提炼中心（缩写）**

师：下面，老师读几段话，认真地听，仔细地想每段话讲的是什么，然后请你"把长的变成短的"。

【评析：贾老师寥寥数语，将目标要求、练习方式、方法提示、师生分工均交代得清清楚楚。】

请听第一段：小明是个粗心的孩子，他做什么事都是大大咧咧、马马虎虎。妈妈叫他上街买油，他话没听清楚，提着酱油瓶出去了。数学课上，他不是把"+"看成了"×"，就是把小数点点错了位置，因此，小明从来没有得过满分。语文课上，老师让大家默写"老大娘"，他粗枝大叶把"娘"写成"狼"，变成"老大狼"。（生笑）难怪大家给他起个外号叫小马虎。

（稍作停顿）听明白了吧，很长的一段话，你把它变短，变成一句话。谁来说？

【评析：此处取材于同级学生真实的习作，学生听起来有亲切感，富有情趣，可谓无缝对接。在写作教学过程中，凭借的材料，取之于学生，用之于学生，这是贾老师作文教学的一大特色。】

生$_1$：写了小明很粗心。

师：好的，请坐。谁再来说？

与讲台同在

生₂：小明是……

师：（纠正道）这段话讲的是什么？

生₂：这段话主要讲的是小明是个粗心的孩子。

师：（评价）两个同学的发言，你呢（指第一个同学），声音讲得很轻，说话断断续续；她呢（指第二个同学），声音很响，说话很连贯。她比你（对第一个同学）说得好，你要向她学习。

【评析：上面这个教学片段体现了贾老师的教学风格，即结合情境，边教边评，针对个性差异及表现状况，及时反馈，动态生成。在评价的过程中注重引导学生相互学习，互相竞争。】

师：请听第二段：河马的嘴比一般的动物都大，它张开大嘴的时候，一个人跳进去恐怕还填不满哩。有人亲眼看到它一口把一条小船给咬成两截。当它咬嚼起五六厘米粗的芦苇秆子，就好比人们吃韭菜那么容易。

这段话把它变短，用一句话来概括。（指着刚才那位女生，即生₂）像这个小朋友这么说，要大声、响亮、语气连贯。这段话主要讲了什么呀？

生₃：这段话主要讲了河马的嘴很大。

师：讲得没错。

生₄：这段话主要讲河马的嘴很大。

师：这两个同学都讲对了，但说什么也没有她讲得好。她说得很连贯。谁再来说？

生₅：河马……

师：（纠正）这段话讲什么？

生₅：这段话讲的是河马的嘴是动物中最大的一个。

师：你话讲得复杂，但是声音还响亮。

生₆：这段话讲河马的嘴很大，吃起东西来很轻松。

师：吃起东西来很轻松跟"大"没有关系。

生₆：不是，那就是河马的嘴很大。

师：哎，对呀！（示意该生坐下）好，你们几个同学都说对了，但没

二、课堂记忆

有一个同学说得"很好",话要说得连贯、流畅。这段话讲什么呀?

生7:这段话主要讲了河马的嘴很大。

师:好的。这段话主要讲的是河马的嘴很大,比一般的(突然发现一生还举着手)哦,你还要说。(走到该生面前,生犹豫)没关系的。

【评析:在贾老师的课堂上,每一个学生都有机会发言,表现自己、锻炼自己,贾老师不会偏心,不会只喜欢好学生。在课堂上,贾老师的目光如阳光般洒向教室的每一个角落,照进每一个孩子的心灵深处。还有一点非常可贵的就是,贾老师在教学过程中非常突出语文的综合性,教作文是主轴,随时勾连听、说、读,关照学生的习惯养成、心理特点、心灵成长。】

生8:我现在觉得这段话主要讲河马的嘴比一般动物的嘴大。

师:他听得很仔细,我刚才说的第一句话就是,河马的嘴比一般的动物都大。他听清楚了,而且听得很仔细。

【评析:贾老师这里既是在教学生学会倾听,又是在教如何阅读,所以听说读写有时候真是难解难分,可见语文教学不一定非要拆散它们,"各自为政",最好的当然是相互为用,相互促进,整体提升学生的语文素养。】

请听第三段:我是一个集邮迷,在我的集邮册里,珍藏着许许多多珍贵的纪念邮票。家信的信封上贴着我喜爱的邮票,征得家长同意后,我便把它剪下来小心翼翼地用镊子插入我的邮册里。听说邮局要发行一套新的纪念邮票,我便取出平时积攒的零花钱,风风火火赶到邮局排队等候开门。一个夏天的中午,我发现一个黑咕隆咚的洞里面放着好多好多我喜爱的邮票,这下我乐不可支,就伸手去掏。掏啊掏,邮票没有掏着,却挨了爸爸重重的一个巴掌。我捂着脸,歪着脖子,呆呆地望着爸爸,心想:你为什么无缘无故打我呢?只见爸爸怒气冲冲用手指着我的鼻子骂道:"你这个小子,不好好午睡,却把手伸到我的嘴里掏、掏、掏(众笑),掏什么来着?"

这段话这么长,把它变短,讲什么呀?请你说(走向一学生)。

生₉:这段话主要讲了"我"是个集邮迷。

师:讲得对,但是没讲好。这段话讲的什么呀?

生₁₀:这段话主要讲了"我"是个集邮迷,珍藏了许多邮票。

师:好,也对的,但是没有讲好。话要说好。你说说看。

生₁₁:这段话主要讲的……

师:我告诉你,要像她这么说。(示范)这段话主要讲了——

生₁₁:这段话主要讲了您是一个集邮迷。

师:什么?"您"是一个集邮迷,这里面"我"是一个集邮迷。谁再来说?

生₁₂:这段话主要讲了"我"是一个集邮迷。

师:(仍不满意)也对的,但没讲好。

生₁₃:这段话——

师:(指着被表扬的那位)你来讲。

生₁₄:这段话主要讲了——

师:对,就是这么说。这段话主要讲了——再来一次。

生₁₄:(清晰而流畅地)这段话主要讲了我是个集邮迷。

师:(满意地)对了,要这么讲,知道吗?很清晰,很流畅。谁再来说,要像她一样。好,这小朋友充满自信。

【评析:积极创设情境,善于发现榜样同伴,引导学生向身边的"榜样人物"学习,从而激活生生互动,这是贾老师特别擅长的教学策略。】

生₁₅:(清晰地)这段话主要讲了"我"是一个集邮迷。

三、语文活动:运用写作知识,扩展中心(扩写)

(一)先做朗读训练

师:对,这段话主要讲了"我"是一个集邮迷。"把长的变成短的"了。有的时候我们可以"把短的变成长的"。比方说,这么一句话(板书:爷爷年岁大了,他常常会干出一些糊涂事),这一句话谁会读?

生16：（大声）爷爷年岁大了，他常常会干出一些糊涂事。

师：嗯，不错！"不错"的意思就是马马虎虎。谁再来念好它？

生17：爷爷年岁大了，他常常会干出一些糊涂事。

师：这位同学读得比较连贯。谁再来读好它？

生18：爷爷年岁大了，他常常会干出一些糊涂事。

师：嗯，不错！但是没有一个小朋友能读得很好。我读一遍给大家听听。（声情并茂地）爷爷年岁大了，他常常会干出一些糊涂事。会了吧？

生19：爷爷年岁大了，他常常会干出一些糊涂事。

师：对啦！就是这么读，就是要像她这么读。会吗？

生20：爷爷年岁大了，他常常会干出一些糊涂事。

师：对了，就是这么读，读出感觉来了，谁再来读？

【评析：在贾老师的指导、训练之下，学生的朗读效果越来越好，可以看出学生经过训练取得了明显的进步。】

生21：爷爷年岁大了，（师在一旁作手势，给她鼓劲）他常常会干出一些糊涂事。

师：对了，（欣慰地）就这么读！好，请这个小朋友再来读一遍。

生22：爷爷年岁大了，他常常会干出一些糊涂事。

师23：嗯，你很认真，很努力的。（对另一生）你行吗？

生24：（抑扬顿挫地）爷爷年岁大了，他常常会干出一些糊涂事。

师：（十分赞许）我发现你特别聪明，你这一次读跟第一次的读完全不一样，第一次发言有气无力。注意，字变成词就有意思，词变成句子就有感情了。所以，你现在读得真好，我们请他再为我们示范一下好吗？好，我们鼓掌。（生鼓掌）

【评析：贾老师在上课进程中经常会回过头去关照前面表现不佳的学生，常常会积极创造条件，在恰当的时机让这些孩子有机会再次表现，从而让这些孩子有机会体验到"成功"，体验到参与课堂活动的快乐。这是很高超的教学艺术，让人钦佩。】

生₂₅：爷爷年岁大了，他常常会干些——一些糊涂事。

师：不要紧张，再来一次好吗？慢慢地读好了，失败是很正常的，读得不好也是可以原谅的。

【评析：这里可以发现贾老师对学生的良苦用心，善于鼓励学生是教学成功的法宝。】

生₂₅：爷爷年岁大了，他常常会干一些糊涂事。

师：读得真好！我发现到目前为止，这个小朋友是读得最好的。这个小朋友是全班最聪明，学得最好的。

【要点评议：不论是阅读教学，还是作文教学，贾老师都非常注重引导学生当堂进行朗读训练。贾老师认为，朗读训练是语文教学的常规任务，可是现在这项任务并没有落实好，不会朗读的学生比比皆是，为此小学朗读教学亟待加强。】

（二）扩写练习（引导学生写得具体、生动，回应开头）

1. 练习扩写一个例子，面向所有学生

师：你能不能举几个例子呢？年岁大了，常常会干出一些糊涂事。他干了哪些糊涂事啊？（对一生）你们看哪，那个聪明的孩子又举手了，他常常为我们做出榜样。（举手越来越多）对了，讲得不好没关系，老师最喜欢"讲得不好"的孩子。（众笑）

生₂₆：爷爷年岁大了，他常常会干出一些糊涂事。有一次，妈妈让他去买油，他却买成了盐。

师：好的，爷爷真糊涂。还有吗？说得更好一点。

生₂₇：爷爷年岁大了——

师：（师扶了扶他的肩膀）你站直，你现在还不是爷爷啊。（生大笑）

【评析：贾老师的教学语言风趣幽默，对学生的关心、教导是全方位的，如纠正学生的行为举止，训练学生的文明礼貌习惯等。贾老师不仅教作文，还教学生做人。】

生₂₇：爷爷年岁大了，他常常会干出一些糊涂事。有一次，嗯，有一

二、课堂记忆

次，他想填一张——填一张明信片，结果填他几岁的那里，他填成了姓名。

师：哦，他看错了，这不是糊涂，眼睛花了应该体谅。

生$_{28}$：爷爷年岁大了，他常常干出一些糊涂事。比如，有一次他烧菜把油当成了水。

师：把油当成了水？那不对了，我发现是你有点糊涂了。（众笑）

生$_{28}$：本来我想说把油换错了，换成水了。

师：把盐当作糖不是蛮好吗？颜色差不多，形状也一样，换一下好吗？你很聪明，一定能说好的。

生$_{28}$：爷爷年岁大了，常常会干出一些糊涂事。有一次他烧菜，把盐当成了糖。

师：结果——

生$_{28}$：结果大家——结果大家吃的菜变成——

师：结果大家都不爱——

生$_{28}$：不爱吃爷爷烧的菜。

师：好，这是个例子，很好。把盐当作糖啦！

生$_{29}$：爷爷年岁大——了。

师：你这样说好不好？不要这样"年岁大——了"（师模仿该生将"大"字拖长），要这样，（示范）爷爷年岁大了，连着一块儿说。

生$_{29}$：爷爷年岁大了，他常常会干出一些糊涂事。比如，有一次，他出门，把自己的鞋子配错了，大家看了都笑起来。

师：嗯！好的。把鞋子配错了。

【评析：贾老师注意随时纠正学生拖腔拖调、拿腔拿调等不良的说话习惯，他的语文课堂教学真正着眼在学生的语文素养发展，绝不是仅仅"盯"着分数。】

生$_{30}$：爷爷年岁大了，他常常会干出一些糊涂事。就像昨天，他把奶奶的手指当成烟杆，直往嘴里塞。（众笑）

师：这——把奶奶的手指当作烟杆往嘴里塞，那不是糊涂，那是痴呆了啊！（众笑）

生31：爷爷年岁大了，他常常会干出一些糊涂事。比如有一次，他在烧红烧鱼时把醋当成了酱油，害得大家吃了一顿酸鱼。

师：嗯，好的。

生32：爷爷年岁大了，他常常会干出一些糊涂事。有一次，爷爷要淘米，结果把米看成了面粉，把面粉看成了米，结果，往水，那个，往锅里——

师：没关系，慢慢讲。

生32：把那个水倒进锅里去，然后那个他淘了两下，把水全倒光，结果他一看，他才非常惊奇，咦，那个米怎么没了？

师：（语重心长地）你发现了吗？你想的意思无法用语言来表达，说明我们要好好学习语文。知道吗？你真的要好好学，你的意思表达得不清楚啊！

生33：爷爷年岁大了，他常常会干出一些糊涂事。有一次，他把电扇的，那种，就是那个叶子——

师：又讲不出来啦？

生33：嗯。

师：哎呀，看来语文的确得好好学。

生34：爷爷年岁大了，他常常会干出一些糊涂事。比如上次，他想出去，结果把家里门的钥匙拿成了报纸的钥匙。

师：不是叫报纸的钥匙，是"信箱钥匙"。你看，学语文多重要啊！词不达意。

生35：爷爷年岁大了，他常常会干出一些糊涂事。有一回，他填一个单子，年龄栏里他少填了一个零，结果他成了7岁。

师：啊，好的，爷爷7岁了（众笑），闹了笑话。刚才的交流，有的小朋友说得很好，找的例子很恰当；有的小朋友找的例子就过分啦；有的小朋友明明知道自己想说的，但是却词不达意，就说明我们学语文、学作文非常重要。

【评析：贾老师在作文教学中随时注意发现学情，针对学生言语实践中存在的问题，如"词不达意""意思表达不清楚"等，启发学生加深对学好语文意义的认识，激发学生学好语文的兴趣。这比抽象说教要好无数倍。】

2. 练习扩写3个例子，面向优秀学生

现在，我把这句话改成分号（板书";"），再加一个分号（板书";"），再来一个句号（板书"。"）。这是聪明人的游戏了（摇摇手），一般的同学就没办法参加了。（转身指着黑板）你能不能说这么一句话，把它再想得多一点，用3个例子说明他糊涂。刚才大家用过的也可以再用。话要简明，要扼要。

【评析：贾老师对学生的指导用语，简洁、具体、明确，学生一听就知道该怎么操作，这是教师专业素养的表现。】

生$_{36}$：爷爷年岁大了，他常常会干出一些糊涂事。这不——

师："这不"用得非常好，"这不"意思就是"不是吗"的意思，那为什么要加"这不"呢？就是承上启下，引出下文。

生$_{36}$：这不，人家要他买醋他却买成了酱油；人家要他往菜里放盐他却放成了糖——

师：不是放成了糖，是"放的是糖"。

【评析：随时纠正学生的语病，语文教师充当着"教练员"的角色】

生$_{36}$：（继续）放的是糖，还经常把鞋子穿错，让人家哈哈笑。

**四、语文活动：由分项走向综合**

（一）师生谈话互动，打开学生思维

师：好，讲得很好。现在，给大家看一样东西，（从口袋里掏出一只手机）这是什么？

生$_{37}$：（齐声）手机！

与讲台同在

　　师：手机已经进入了千家万户，手机是现在最便捷的通讯工具，它给人们带来了很多方便，也给我们带来了一些烦恼。在我们的生活中，就发生了许多和手机有关的新鲜事。关于手机的新鲜事，你有吗？

　　生38：手机要拨电话号码才能通讯，有些人常常会打错电话号码，结果本来是找他认识的人打到了一个不认识的人家里。

　　师：啊，这不是手机的毛病，那么座机上面也会发生这种情况，这不算新鲜事。谁还能说？

　　【评析：贾老师喜欢采用谈话法来展开教学活动，激活学生的思维，调动学生的生活经验储备，顺势导入新的学习内容。】

　　生39：有的时候那个造手机的厂家把那一二三四位置搞混了。

　　师：怎么造手机的厂家会把一二三四搞混了呢？

　　生39：就是上次电视上那个什么移动，什么通讯，就是在两个国家使用的。

　　师：哦，这个小朋友真了不起啊，说了一件连老师都不知道的事。（众笑）还有吗？

　　生40：上次我在少年宫画画的时候，我的包里装着我妈妈的手机，然后我上课上到一半，那个手机突然——那个手机突然丁零丁零响起来了，然后我把那个挂掉，然后过一会儿它又丁丁零零响起来了。

　　师：影响了你们上课，是吧？好，她把妈妈的手机带到课堂里，结果妈妈的手机响了，影响了大家上课。这也是个新闻，也是一件新鲜事。还有吗？

　　生41：有一次，我妈妈带着手机走进公共场所，因为公共场所里要安静，所以她把手机变成了那种发动的，然后她就放在桌子上——

　　师：不是"发动"的，是"震动"的。

　　生41：震动的。然后她就把手机放在桌子上，突然那个手机震荡了，然后移移移——

　　师：震动了。

生₄₁：震动了。然后移移移，掉到地上了，后来妈妈发现，就放到桌子上，后来又震动了，又掉到地上去了。

师：后来又震动了，又掉到地上去了，又捡起来，是吧？（众笑）

生₄₁：嗯！

师：好的，你不觉得啰嗦吗？（众笑）

生₄₁：（该生承认）啰嗦。

【评析：教师基于课堂情境及时地反馈、评价很重要，脱离了语言情境，有时候效果就要大打折扣。此处贾老师引导学生（生₄₁）认识到自己表达的啰嗦，是强化学生的自我反思意识。】

生₄₂：就是我妈妈那个手机把它调成震动的，然后就把它竖直立放在桌子上，然后，电话响起来了，那个手机就在桌子上跳舞。

师：哎，在跳舞了，啊！好的（回到讲台前），那么大家思路没打开，这手机的故事很多，它的作用很大。

【评析：通过谈话法，打开学生的思路。这个过程是学生相互激发的过程，也是教师有意识引导的过程。生生互动、师生互动的课堂，涌现出生命的活力。】

生₄₃：我妈妈有一部手机没交费，然后，她把那部手机给我了，有一次我在少年宫上课，奶奶给我打电话，打不进来，原来是那个电信公司把那个手机给停掉了，因为不交费。

师：哦，不交费，以后要催促你妈妈按时交费。

生₄₄：上次，我发了个短信给我姐姐说"你还好吗，要多注意身体"，后来我姐姐说我发过去的是"你外号多注意身体"。

师：你发的是什么？

生₄₄：你还好吗？要多注意身体。

师：结果她看到的是什么？

生₄₄：你外号多注意身体。

师：那估计是你的拼音没掌握好。

与讲台同在

生₄₅：很早的时候，我爸爸买了个大哥大，用2万多块钱——

师：那要跟你说一下，"大哥大"当时不得了，改革开放初期，有大哥大的人都是有身份的人啊。

生₄₅：两个月过去了，大哥大下岗了。（众笑）

师：哦，下岗了，说明我们更新换代实在太快，所以我告诉你，"大哥大"已成历史了，当初"大哥大"是一种身份的象征，手里面拿着个"大哥大"往桌子上一放，大家就对他刮目相看，哟，哪来的大老板啊？

【要点评议：贾老师的谈话法运用得非常成功。联系上面的教学片段，贾老师的活动设计，由讲述"爷爷的糊涂事"转向介绍"关于手机的新鲜事"，借助转换同类话题，采用变式练习的方式，不仅训练了学生的类比思维，而且巩固了前面的教学成果。】

（二）听写练习

师：好了，关于手机的故事很多，有一个小朋友，写了个关于手机的故事，很有趣。下面我把他写的这段话念给大家听，大家拿出笔、拿出纸，把它记录下来。它这段话一共有这么几句话，我把它打乱了。

于是，奶奶、爸爸、妈妈都忙开了，大家翻箱倒柜地找，结果还是一无所获。（　　）

爷爷刚要出门，发现手机找不着了，这下他可急坏了。（　　）

原来，爷爷吃完早饭把剩余的菜放进冰箱里的时候，连同手机一块儿放进去啦。（　　）

我问了爷爷，手机是开着还是关着的，爷爷告诉我"开着"，于是，我心里就有谱了。（　　）

果然，在冰箱里找到了爷爷的手机。（　　）

我连忙拨通了爷爷的手机，一个房间、一个房间地寻找。（　　）

师：听写完了，写好了吗？

生₄₆：写好了。

（三）朗读一句话练习

师：请这孩子站起来。你们在听写的时候我注意到，有几个小朋友的书写姿势特别好，这个小朋友就是其中之一，她坐得正，笔拿得直。下面就请你任选一句话读给我听，随便你读哪一句啊！你读第几句？

【评析：贾老师目光敏锐，关怀全面，全心全意为学生成长服务，如关照学生的坐姿、拿笔姿势等细节。】

生$_{47}$：我读第一句。

师：（示范）我读第一句。

生$_{47}$：我读第一句。

师：你刚才进步了，再快一点，我读第一句。

生$_{47}$：我读第一句。

师：再快一点，我读第一句。

生$_{47}$：我读第一句。

师：就要读得这么快！

生$_{47}$：于是，奶奶、爸爸、妈妈都忙开了，大家翻箱倒柜地找，结果还是一无所获。

师：你这个"还是"念得很好，但是读得不连贯。再来！

【评析：贾老师教学生语文，真像师傅带徒弟，手把手地教，发现问题，随时示范、纠正，让学生练习、巩固。】

生$_{48}$：我读第二句。爷爷刚要出门发现手机找不着了，这下他可急坏了。

师：她读得有味儿。你读。

生$_{49}$：我读最后一句。我连忙拨通了爷爷的手机，一个房间、一个房间地寻找。

师：就这么读。你读。

生$_{50}$：我读第五句。果然，在冰箱里找到了爷爷的手机。

师：你读得很认真，但是没读好啊！要读好不容易呀！说实在的，除了她读得让我比较满意，其他还没有一个让我满意的。你读吧！

与讲台同在

生$_{51}$：爷爷刚要出门发现手机找不着了，这一下他可急坏了。

师：读得不错。你来。

生$_{52}$：我问了——我问了爷爷手机是开着还是关着的，爷爷告诉我"开着"，于是，我心里就有谱了。

师：嗯！你属于读得好的，但不属于很好的。你读。

生$_{53}$：原来，爷爷吃完早饭把剩余的菜放进冰箱里的时候，连同手机一块儿放进去啦。

师：嗯，读得蛮好。你读。

生$_{54}$：于是，奶奶、爸爸、妈妈都忙开了，大家翻箱倒柜地找，结果找——找到——结果找到一无所获。

师：结果找到一无所获了，是吧？（众笑）

生$_{54}$：于是，奶奶、爸爸——

师：我告诉你呀，你人长得漂亮，音色也很好，你必须要好好读书，知道吗？你现在读得很好。

【评析：贾老师鼓励学生，润物细无声。】

生$_{55}$：于是，奶奶、爸爸、妈妈都忙开了，大家翻箱倒柜地找，结果还是一无所获。

师："结果还是一无所获"还要读得连贯点啊。你读。

生$_{56}$：果然，在冰箱里找到了爷爷的手机。

师：好的。这一段话共6句，顺序是乱的，你自己找一找看，哪句是第一句，哪句是第二句。在每个括号里加上一个数字。（生排顺序）我请两个小朋友上来把6个数字填在上面，你来。

师：这两个小朋友不约而同都是"2、1、4、6、5、3"，对吗？

生$_{57}$：对！

【要点评议：从上面这个教学片段来看，贾老师的过程推进方式很特别，采用听写、朗读等感性的方式，让学生完成一段话6个句子的排序问题。可谓匠心独运、深解语文之道。总之，贾老师教学生采用语文的方

式，解决语文的问题，重在语文实践过程，落在学生的语文能力提升。】

（四）朗读一段话练习

师：对的。现在，你们根据这个顺序轻松地读一遍。（生读）现在我们请这两个小朋友把这一段话读一遍。你读。

生58：爷爷刚要出门，发现手机找不着了，这下他可急坏了。于是，奶奶、爸爸、妈妈都忙开了，大家翻箱倒柜地找，结果还是一无所获。我问了爷爷，手机是开着还是关着的，爷爷告诉我"开着"，于是，我心里就有谱了。我连忙拨通了爷爷的手机，一个房间、一个房间地寻找。果然，在冰箱里找到了爷爷的手机。原来，爷爷吃完早饭把剩余的菜放进冰箱里的时候，连同手机一块儿放进去啦。

师：读得不错，到现在为止这个小朋友是读得最好的一个。你要好好赶上她。

生59：爷爷刚要出门——

师：一天早上——

生59：一天早上，爷爷刚要出门，发现手机找不着了。

师：对啦，读得非常好。

生59：他可急——这下他可急坏了。

师：对呀！

生59：于是，爷爷、奶奶、爸爸、妈妈都忙开了，大家翻箱倒柜地找——

师：读得真好。

生59：结果还——是一无所获。

师：嗯，有点过头。

生59：**我问了爷爷手机是开着还是关着的，爷爷告诉我"开着"，于是，我心里就有了土**（众笑）。

师：有什么？

生59：（不确定地）有了土。

师：有了土啊？（众笑）有了谱。"谱"是什么意思呢，"谱"就是主意、办法，"有谱"就是有底了，有办法了。

生$_{59}$：于是，我的心里就有谱了。我连忙拨通了爷爷的手机，一个房间、一个地找。

师：一个房间、一个房间地找。

生$_{59}$：一个房间、一个房间地找。果然，在冰箱里找到了爷爷的手机。原来，爷爷吃完早饭把剩余的菜放进冰箱的时候，连同手机一块儿放进去啦。

师：这两个小朋友念得都不错。不过，实事求是地说，这个女同学比那个男同学要读得好，读得连贯、清晰。这个男同学呢，很认真，力求把它读好，结果呢，却弄巧成拙，还把"谱"变成了"土"，以后不要犯这样的错误啊。这节课，我们先上到这里。

## 第二课时

师：后来呢？孩子把这段话写成稿件寄到《贾老师教语文》杂志社。编辑看了，感到这篇稿子题材非常好，可是没写好，就写了一封信给这个小朋友。结果这个小朋友没等到文章发表，却等到了编辑部给他的一封信。

这封信我已把它印给了各位小朋友，大家拿起来看，老师把它念一下。

《贾老师教语文》编辑部给小明同学的一封信：

王小明同学，你寄来的《我帮爷爷找手机》的习作已经收到了，谢谢你对我们杂志的关心。编辑部的叔叔阿姨们看了你的稿子很高兴，都说写得不错。爷爷糊涂得竟然把手机放到冰箱里了，非常有趣。如果小读者看了你的习作以后一定会笑得合不拢嘴的。但是，这篇习作内容过于简单，有些情节没有展开，显得有些单薄，别人读了以后不可能得到一个真切的印象，因此，这篇稿子暂不能刊用。建议你按照下述要求作些补充和修改再寄给我们。如果符合要求，我们一定会把你的习作刊登出来，让大家一起分享你的快乐。

第一，你说爷爷真糊涂，是怎么糊涂的？能不能举几个例子加以说明？比方说，拿着眼镜找眼镜等等。

第二，手机找不着了，很是着急，那么爷爷怎么急的呢？额头上冒汗了吗？脸上的表情又是怎样的？他嘴上说了些什么话？

第三，大家一块儿帮他找，结果一无所获，这个"大家"指哪些人？大家是怎么分头去找的？

第四，我问爷爷这个手机是开着关着的时候，他说开着，我是怎么知道的？爷爷高兴的时候表情、动作又是怎样？

第五，原来爷爷说这些话的时候表情、动作是怎样的？大家听了这些话后又是怎么评论爷爷的？

如果把这些问题都一一回答了，那么，文章就有具体内容了。有了具体内容，文章就形象了，也就生动了。

总之，写文章是一件十分快乐的事，作文是写出来的，但是好作文是改出来的，改一百遍也不算多，这是一个大作家说过的话。所以，希望你仔细考虑，认真修改，把改好的稿子再寄还给我们。

【评析：贾老师非常善于创设语文学习情境，引导学生在具体的社会语境中完成语文任务，提高语文能力，从而使整个教学过程充满想象力，极大激发了学生的好奇心。我们可以想象，当学生读到《贾老师教语文》编辑部给小明同学的一封信时，心情是多么轻松、愉快。与此同时，贾老师却不知不觉地将一个新的写作任务布置下去了。通过这封回信，贾老师还借编辑之口将本次写作学习的目的、关键点、方法路径等一一介绍清楚了。】

**五、语文活动：分组改写作文**

师：这篇稿子就是刚才两位同学读的那段话，过于简单啦。如果我们

与讲台同在

把它展开、拉长,把短的变成长的,把它写具体一点,就是一篇好文章。那么,是不是所有的地方都要写具体呢?也不是。主要是和中心有关系的地方要写得具体一点,具体了就形象了,形象了才生动。

我们现在分七个组,每组负责扩写一句话。

第一句,"爷爷年岁大了,他常常会干些糊涂事",这句话我们请这四位小朋友负责好吗?这四个小朋友在第一句话后面举两三个例子,把它写具体,好吗?

"一天早上,爷爷刚要出门,发现手机找不着了,他十分着急",这句话我们请这六个小朋友来把它展开,好吧?他怎么发现的?他怎么急的?请你们来写。

"大家分头去帮他找,结果还是一无所获",这一句请这六个小朋友来写。

"我问爷爷手机是开着还是关着,爷爷告诉我手机是开着,这时候我心里有谱了",这句话请这六位小朋友来展开。

接下去"我连忙拨通了手机号,一个房间、一个房间地去找,结果在冰箱里找到了手机"这句话请这一组来完成。

最后一段,"这是怎么回事呀?哦,原来……"你要问爷爷啦,怎么会把手机放到冰箱里去呢?请最后一组写这一段话。

总共给大家八分钟时间,好好地写,认真地思考,尽量把它写清楚、写具体、写生动。(学生开始写,教师巡视、指导)

**六、语文活动:师生交流、修改作文,同时指导朗读训练**

师:小朋友,时间到了,都写了好吗?这孩子最好,令行禁止!老师说不写了我们就放下笔,而且你看这个小孩坐得最好。

文章是写出来的,好文章是改出来的,你们已经写完了,我们拿出来一起交流,一起再来改,我跟你们一起改。文章写得不好很正常,重要的是认真地去修改。

第一句话,这段话谁来?你上来读。第二,你读。第三,请你。第四，谁来？第五，你来。第六，你来。第七，最后一段，很简短的，你来好吗？

师：俗话说"三分文章七分读"。什么意思呢？文章如果写得不够好的话，读得好可以弥补文章里边的不足，要读好。

生$_{60}$：爷爷年岁大了。

师：可以，你读得已经可以了，再响一点就更好。

生$_{60}$：爷爷年岁大了，他常常会干一些糊涂事，有时候分明手里拿着眼镜还一个劲地问："我的眼镜呢？我的眼镜呢？"

师：你看，写得多好啊。分明手里拿着自己的眼镜，还到处问："我的眼镜呢？我的眼镜呢？"说明他糊涂得可以，举了一个例子。再读下去。

生$_{60}$：还有一次——

师：还有一次，前面用了"有一次"，第二次前面必须加个"还"，"还有一次"。

生$_{60}$：还有一次，在一天晚上他多喝了点酒——

师：还有一次，在一天晚上，"在"不要啦。

生$_{60}$：还有一次，一天晚上，他多喝了点酒，回家时候敲错了，不是，回家时候摸错了门，掏着钥匙开人家的门去了，气得那家人错把他当作是小偷，说什么要把他送到派——

师：说他是"小偷"就不对了。爷爷年纪大了，用"小偷"不合适，可以说他是"老贼"（众笑）。

【评析：贾老师的教学语言风趣幽默，学生非常喜欢。】

生$_{60}$：气得那家人错把他当作老贼，说什么要把他送到派出所里去，吓得他直喊冤枉。你看，爷爷糊涂吧。

师：两个例子一举，最后一句话收口"你看爷爷糊涂吧"，用事实说话，很好。第二句。

生$_{61}$：爷爷刚出门——

师：一天早上，

与讲台同在

生₆₁：一天早上，爷爷刚出门，想给他的好友打电话，他摸了摸口袋："咦，我的手机到哪去了？"

师：好，这小孩写的语句非常流畅，一句挨着一句说。重头来。

生₆₁：一天早上。

师：怎么样啊？

生₆₁：爷爷刚出门。

师：刚出门，怎么样啊？

生₆₁：想给他的好友打电话。

师：那么打电话发生什么事啊？

生₆₁：他摸了摸口袋。

师：摸了摸口袋又有什么情况啊？

生₆₁：咦，我的手机到哪儿去啦？

师：你看，这就叫通顺，这叫连贯。所以你写不出话，你自己问自己呀：怎么样啊？为什么啊？话就出来了，你把这句话再读一读，让大家好好欣赏。

生₆₁：一天早上，爷爷刚出门，想给他的好友打个电话，他摸了摸口袋："咦？我的手机到哪儿去啦？"爷爷找遍了全身也没有找到，他急得直冒冷汗。

师：等会儿，等会儿，找遍什么？

生₆₁：全身。

师：全身不对。是全身的口袋，是吧？"全身"那是检查啦，不好用"全身"，改成"找遍了身上所有的口袋"。

生₆₁：爷爷找遍了身上所有的口袋，也没有找到，他急得直冒冷汗，心想：我是不是把手机忘在家里了？是不是我的手机丢了？

师：不是"是不是"，是"是"手机放在家里啦？后面是"还是"。你前边用"是"，那么后边必须用"还是"，不是"是不是"。

生₆₁：爷爷心想：是把手机忘在家里啦，还是我的手机丢了？可是急也没用呀,(老师肯定地点了点头)爷爷只能抱着一丝希望回家找一找了。

师:好啊!你写得真好!(指向第三个同学)

生$_{62}$:这一下,奶奶、爸爸、妈妈可忙坏了,妈妈还在爷爷的房间里寻找,抽屉里、床单下、桌子上,都翻遍了,可是爷爷的手机还是没有出现。

师:不是没有出现,它不会出现的,还是没有什么——

生:(齐声)找到。

师:这是妈妈找的。那么奶奶、"我"怎么找的?"我"到什么地方去找?

生$_{62}$:我没讲……

师:你就写了一个妈妈呀?

生$_{62}$:我就写了奶奶、爸爸还有妈妈。

师:那么,奶奶怎么找的?爸爸怎么找的?要分开找呀,是吧?再说下去几句。

生$_{62}$:爸爸可找了好一会儿,沙发上、桌子下、凳子上,他的脸上一颗豆大的汗珠滚下来,接着第二颗、第三颗……

师:哦,这个不要,这个写它干什么,结果还是没有找到。

生$_{62}$:结果还是没有找到。(生想怎么往下说)

师:大家来到了客厅里,都说——

生$_{62}$:还有奶奶。

师:奶奶就不要写了。大家来到客厅里——

生$_{62}$:大家来到客厅里——

师:都说——

生$_{62}$:都说——

师:(轻声提示)没找到。

生$_{62}$:没找到。没了。

师:好的。你写得没有第二个小朋友好,要努力呀。(请第四个学生)

与讲台同在

接下去。

生₆₃：看着爷爷头上直冒汗——

师：等一等，这句话又错了。谁听得出问题？

生₆₃：看着爷爷头上直冒汗。

师：好的，谁来说，错在哪里？（几生举手，指一生）你说。

生₆₄：头上是不会冒汗的。

师：（又指一生）你说呢？

生₆₅：头是不会冒汗的，额头上才会。

师：哎，对了。（师握生的手）我们总是心有灵犀一点通，我也是这么想的。（指着自己的头）头上怎么会冒汗？（几生笑）额头上才冒汗哪。虽说额头是头的一部分，但具体位置要准确。（指着额头）额头冒汗。

【评析：贾老师对学生的言语表达极其敏感，注意随时发现问题，随时提出、纠正。语文学习就是语文好习惯的养成，语文课堂就是教育生活，贾老师的课堂与语文生活对接，贾老师的语文教与学，即是动态生成的语文生活。贾老师时时不忘优化学生的语文习惯，提升语文生活的品质。】

生₆₃：看着爷爷额头上直冒汗。

师：直冒"汗水"，读起来顺些。

生₆₃：看着爷爷额头上直冒汗水，急急忙忙地找，真觉得不是滋味。突然，我的脑子里冒出了一个念头——

师：好！什么念头？

生₆₃：只要打爷爷的手机号码不就行了吗？

师：对呀！

生₆₃：我急急忙忙——

师：这里加上"想到这儿"，句子就顺了。

生₆₃：想到这儿，我急急忙忙问爷爷，手机是开的还是关的，爷爷回答是开的。于是，我就把我的想——

二、课堂记忆

师：这里面要这样——爷爷不耐烦地说："开着，开着，这个时候还问这个干什么呀！"是吧？你这么一说，爷爷的性格特点就写出来了。

生_{63}：爷爷不耐烦地回答说："开的，开的。"

师："不耐烦地回答说"，"回答"就是"说"，"说"就是"回答"，用了"回答"就不用"说"了，用了"说"就不用"回答"。（生笑）

生_{63}：爷爷不耐烦地回答："开的，开的。"

师：对，两个"开的"，就是表示不耐烦。

生_{63}：问这个干啥？

师：对，说得好。（竖起拇指）

生_{63}：于是我就把我的想法告诉了他。"哈，我的手机有救啦！"爷爷高兴地叫道。他急急忙忙拨着手机号码。随着清脆的铃声，我急急忙忙寻找着。"找到了，找到了。"

师：唉，你怎么把人家的饭都吃了呢，后边的话是人家说的。你这段短短的话，里边一连用了三个"急急忙忙"，说明什么呢？词汇贫乏！要多看书，啊？（指向第五位同学）不管她的，你写你的。

【评析：这里显示的是言语诊断功能，贾老师擅长诊断学生的"语文毛病"，并及时加以纠正。】

生_{64}：我一听爷爷的手机是开着的——

师：不是"一听"爷爷的手机是开着的，这句话不通。当我知道爷爷的手机是开着，或者"我一听爷爷说手机是开着的"，这里可以用"一听"。

生_{64}：当我一听爷爷——

师：当我知道……

生_{64}：当我知道爷爷的手机是开着的时候，马上向妈妈借过她的电话——

师：把"电话"改成"手机"。

生_{64}：当我知道爷爷的手机是开着的时候，马上向妈妈借过她的手机，拨通了爷爷的电话，大家都不知道我葫芦里卖的是什么药。我一边把手机放在耳朵旁听，一边一个房间、一个房间，仔细地找过去——

师：好的。

生_64：从卧室找到厕所——

师：这厕所不要好吗？臭得不得了（生笑），不要玷污了我们的文章。从卧室找到客厅，好吗？

生_64：从卧室找到客厅。

师：从客厅找到厨房。

生_64：从客厅找到厨房，最后我听到了一阵很微妙的铃声。

师：好。（指向第六位学生）接下来是你的了，是吧？

生_65：果然在冰箱里找到了爷爷的手机。

师：我发现啊，前面几个同学朗读的时候都是很急，就怕来不及读下去。你呢，读得很沉稳，就要像你这么读。听你的读是放心的，听他们读，总是不放心，好好读。

生_65：果然在冰箱里找到了爷爷的手机，我把手机还给爷爷，爷爷高兴得手舞足蹈。

师：唉，等等，等等。"手舞足蹈"这个词是很形象，很不错，但是，你想用在六七十岁的老人身上好吗？那不是糊涂了，是神经有点错乱（众笑），谁给他换一个词？

【评析：贾老师随时注意对学生进行语言文字基本功训练，体现"基于语言文字运用"的语文教学风格。】

生_66：高兴得叫了起来。

师：可以的。好，高兴得叫了起来。那么，她是四个字也还她四个字。

生_67：高兴得笑逐颜开。

师：笑逐颜开，可以的。

生_68：兴高采烈。

师：啊呀，他也过分一点啦。

生₆₈：高兴得合不拢嘴。

师：（点头）这可以。

生₆₉：破涕为笑。（众笑）

师：还没哭怎么叫破涕为笑呢？（众笑）

生₇₀：眉开眼笑。

师：这可以。我感到还是你这个比较好，高兴得眉开眼笑，那么"眉开眼笑"就是"高兴"，这个"高兴"就不好用了。算了，我们就马马虎虎吧，凑合一下，高兴得眉开眼笑。

生₆₅：爷爷高兴得眉开眼笑，一个劲地说："终于找到了，谢谢。"我心里还有疑问，便问爷爷，"爷爷，你怎么会把手机放在冰箱里呢？"

师：嗯，引出下文来了。（指另一生）

生₇₁：我那个，偏离题意了。

师：不要紧的，来，你说说看。

生₇₁：不是的。（把自己写的拿给师看）

师：啊，你写错了是吧？那么最后一段她写错啦。（走向后排）谁来帮她忙？（对最后一组学生）行吗？最后怎么回事？（另一组学生举手）哦，你有办法。好，来，"破涕为笑"来了。（众笑）

生₇₂：原来，爷爷匆匆忙忙吃完早饭时把——把——

师：等一等，"吃早饭"不是"匆匆忙忙"。"匆匆忙忙"是把饭菜放到冰箱里的时候，不是放在吃早饭的时候，他吃完早饭匆匆忙忙把饭菜——

生₇₂：爷爷吃完早饭，匆匆忙忙地把剩余的饭菜——

师：嗯，你讲得比老师好。

生₇₂：把剩余的饭菜放进冰箱里时，连手机也一块儿带进去了。

师：好了吗？

生₇₂：嗯。

**七、语文活动：由改写作文过渡到欣赏学生作品**

师：好的，我发现这七个同学在读的时候，（指一生）她读得很好；

（指另一生）这个小朋友要表扬的，当人家不能完成任务的时候，他挺身而出，来帮助她完成；（又指另一生）这个小朋友写得非常好。好的章节段落我们再来欣赏一遍。（对该生和另一生）请你们来读一遍。（生读）

师：这两个同学读得很好。（再指一生上台来）这三个小朋友写得特别好，我们再来欣赏一下。

生$_{60}$：（较慢）爷爷年岁大了——

师：不要这样读。（加快语速）爷爷年岁大了——

生$_{60}$：爷爷年岁大了——

师：对。

生$_{60}$：他常常会干一些糊涂事，有时候分明手里拿着眼镜还一个劲地问："我的眼镜呢？我的眼镜呢？"还有一次，一天晚上，他多喝了点酒，回家的时候摸错了门，掏着钥匙开人家的门去了，气得那家人错把他当作是老贼，说什么要把他送到派出所里去，吓得他直喊冤枉。你看，爷爷糊涂吧。

师：嗯，糊涂吧，写得多好。你的一段，也让我们欣赏一下。

生$_{61}$：爷爷刚出门，想给他的好友打个电话，他摸了摸口袋："咦，我的手机到哪去了？"爷爷找遍了全身的口袋，也没有找到，他急得直冒冷汗。心想：是把手机忘在家里啦，还是我的手机丢了？可是急也没用呀，爷爷只能抱着一丝希望回家找一找了。

师：好啊，写得多好，清清爽爽。你呢？

生$_{65}$：果然在冰箱里找到了爷爷的手机，我把手机还给爷爷，爷爷高兴得眉开眼笑，一个劲地说："终于找到了，谢谢。"

师：嗯，好的。

【要点评议：由改写作文过渡到欣赏作品，这是一次教学飞跃。这意味着学生具有课程资源价值，贾老师从教学生学会，发展到教学生学好。学生由课前不懂、不会，现在开始表现自己的创造才华，体现现代作文教学非常富有魅力的一面，即通过作文"立人"，培养富有创造力的人。】

**八、语文活动：读优秀作文，供对照参考**

师：关于手机的故事还有很多，这个作文材料，就是受到报纸上一个真实的小故事的启发而创作的。故事说在公共汽车上有一个乘客，突然发现他的手机没有了，很着急。他说："我刚买来的呢。"一个聪明的乘客告诉他："你的手机是开着还是关着？"他说，"我开着，我刚刚上车的时候还跟朋友打过电话呢。"他说："那不要紧。你赶快拨你的手机号，我借给你手机。"结果拨了以后，一个人身上的手机响起来了，很轻而易举地把这个小偷给抓住了。

【评析：从生活中捕捉灵感，开发写作课程内容资源，这是贾老师作文教学极具魅力的地方。贾老师的作文教学与生活息息相通，富有浓郁的时代气息。】

我把这个故事改编成作文材料让大家来写，今天小朋友们写得很好。但是，（拿出一篇文章）写得好的同学还多着呢。下面，我读一篇一个四年级小朋友写的。他写得可好了，请听：

### 找 手 机

爷爷今年已经是70开外的人了，可他仍然像年轻人一样特爱赶时髦。

五年前他就有了一只当时很流行的"新译通"手机，至今已经更换了两个。爷爷把他的手机当作稀世珍宝整天形影不离，生怕被别人拿走，逢人便说"我的手机质量好，款式新颖，有了这玩意可方便多了"。

因为年纪大了，爷爷的记忆大不如前，常常闹出戴着眼镜找眼镜，系着皮带说皮带没了的笑话来。

一天晚上，只见爷爷满头是汗、神情慌张地走进我们的房间，用他那既是询问又是命令的口吻说："我的手机看到了没有啊？快帮我找找呀！"话音刚落，我们全家五口人，就连平时不爱管闲事的奶奶也加入了我们搜找手机的大行动。书柜底下、床底下，我们都蹲着找了个遍，就连卫生间也没放过。爷爷奶奶找了厨房翻抽屉，找了卧室翻大橱，一家人把大小四个房间全找了个遍，仍然不见手机的踪影。

这时，爷爷已经找不到往日的那个神气劲儿，只见他无精打采地半躺在沙发上。忽然，一个灵感闪过我的脑子，便急步走到电话机旁，抓起电话，快速拨了爷爷的手机号码。丁零……丁零……一阵熟悉的手机铃声响起，我寻声望去，哎，这铃声怎么会从冰箱里传出来。

我迷惑不解地打开冰箱，只见这小家伙正悠闲地躲在冰箱里避暑呢。【生笑。师：你看，人家写得多具体，多生动。】

"爷爷，爷爷，手机找到啦！"我抓起手机往爷爷的房间里奔。这时候听到叫声的爷爷，"唰"地从沙发上蹦了起来，从我手里接过他心爱的手机，"哈哈，哈哈……"爷爷摸着后脑勺大笑起来。

原来呀，他在把饭菜放到冰箱里的时候，连同他的宝贝手机也一起放进去啦。

【评析：从欣赏同班同学的作文到欣赏其他小朋友的优秀作品，这又是一大跃进、提升。同龄孩子的作品，用孩子自己的语言书写，抒发孩子独特的心灵感受，这样的优秀作品是孩子理想的模仿对象。这也是贾老师一贯的作文教学风格。我手写我心，作文教学应回归到儿童世界。】

**九、语文活动：编拟作文标题练习**

师：你们看，跟我们写的是同一个题材，但他写得相当生动。

好吧，同学们，我们文章写好了要给他取个题目，如果围绕手机来做题目，取一个什么比较好？

【评析：从改写作文、欣赏作品到设计拟标题的学习活动，行云流水，一气呵成。】

生$_{73}$：《手机失踪记》。

师：你总是有创造性的思维。

生：《寻找手机》。

师：《寻找手机》这个题目太平常了。

生：《手机流浪记》。

师：手机流浪，那不对的。

生：《手机避暑记》。

师：好，手机避暑。（板书：_____手机）这样前面加一个字。

生：《糊涂爷爷找手机》。

师：加一个字。

生：找。

师：找手机，还有吗？

生：寻手机。

师：当然也可以呀。（板书：手机_____）如果手机放在前面呢？

生：《手机不见了》。

师：很好。

生：《手机没了》。

师：手机没了，跟他一样。

生：《手机"案件"》。

师：那么"案件"上面要加引号了，是吗？好，那么大家再看，如果把（板书：爷爷、手机）爷爷摆进去呢？

生：《爷爷手机的新家》。

师：这个想象太丰富了。

生：《爷爷找手机》。

生：《糊涂爷爷找手机》。

师：好啊。

生：《爷爷寻手机》。

生：《爷爷的手机不见了》。

师：（板书：冰箱、手机）冰箱、手机放在里面，再编。

生：《冰箱里有手机》。

师：冰箱里有手机真是奇怪，冰箱里怎么会有手机呢？

生：《冰箱里的手机》。

与讲台同在

师：冰箱里的手机，好的，还有吗？

生：《冰箱里的手机客人》。

生：《手机放在冰箱里》。

生：《手机到冰箱里做一回客》。

生：《手机怎么会在冰箱里》。

师：手机怎么会到冰箱里了呢？

生：《手机去冰箱做客》。

生：《手机躲进冰箱了》。

师：好。

生：《手机在冰箱里过夏天》。

生：《手机在冰箱里避暑》。

师：这个题目好啊。（板书：我、爷爷、手机）

生：《我帮爷爷找手机》。

生：《我在冰箱里找到了爷爷的手机》。

师：这个题目太长了点。

生：《我破了手机消失案》。

生：《我找到了这个小东西——手机》。

师：我找到了这个小东西，就行了。

好的。今天这节课让我们知道了作文一点都不难。作文就好比是做游戏，像玩一样。作文是用笔说话，是把看到的、听到的、想到的、有意义的事情围绕一个中心按顺序写下来。我们作文中常犯的两个毛病：啰嗦，那"要把长的变短的"；写不具体，"要把短的变长的"，把当时的情景写下来。如果掌握了这两种方法，我们一定能写好作文。

【评析：这里呼应开头，简洁明了，教学结构显得非常完整。】

当然，好作文还有个条件，那就是要千锤百炼地改。好，今天这节课我们就上到这里。

（评析人：李重　上海师范大学教育学院）

# 三、亦师亦友

三、亦师亦友

## 1. 林先生

记得，读小学时候，教我们体育的是林慧老师。我在其门下受业三年，收获无数快乐。彼时，皆称"老师"为"先生"，故，本文称林慧老师为林先生。

入学之后，我在浦东一所乡村小学读书。我既不聪明也不用功，不做作业还要逃课。放学了，野在田头四处游荡，上树掏鸟窝，下河捉鱼虾，直到满天星斗才摸黑回家。所以成绩一直平平，读三年级了依然了无长进。1948年，上海解放前夕，我们举家迁到浦西静安寺附近居住，我也转入位于极斯菲尔路上的觉民小学读书。因为成绩欠佳，加上没有学过英语，所以只能重读四年级。

这是一所由基督教教会创办的学校，学生家境都比较殷实。校规十分严格，说话必须轻声，行走不准快步。教职员工全是女性，一式黑色的服饰，还不准谈婚论嫁，否则将被解雇走人。师长态度极其严厉，一旦学生说了粗话，教师会当众给说粗话孩子的嘴边涂上红圈，三日内不准抹去。饭前要祈祷，餐后要鞠躬。犯规要被打手心，每周要做礼拜，还要唱诗读经。因为我从小散漫惯了，所以很不习惯这样的生活，也不喜欢这里的师长。

不过，也有例外。教我们体育的林慧先生，却受到几乎所有学生的喜爱与欢迎。

林先生，二十来岁，时尚年轻，充满活力。因为她教体育，所以拥有不少特权，比如，穿着紧身牛仔裤，套着宽松运动服，有时，嘴里还嚼着口香糖。

林先生叫唤我们男孩从来不呼学名，只称由她杜撰的外号或别名。长得粗壮的叫"泰山""哈代"，生得白净的唤"埃洛弗林""贾兰古柏"（美国西部电影明星名），比较厚道的便称"林肯""富兰克林"，抑或叫"Mr. 张""Mr. 李"，因为我来自浦东，所以就叫我"Mr. 浦东"。她走到哪，我们就跟到哪。林先生简直成了我们一群男孩心仪的女神。她，征服了我们这一帮男孩，也转变了我这个顽童。

那时候，还不时兴做广播体操。林先生不用吹哨子，只需弹着风琴指挥——这在当时较为罕见。出操了，我们踏着她所弹曲子的节奏，从各自教室来到操场。她一曲弹完，队伍刚巧整好，分秒不差。于是，林先生弹琴我们做操。奇怪的是，她不用回头，居然能洞察操场上发生的一切。哪个同学不认真弯腰，哪些小孩在无端吵闹……都会给她逮个正着。原来，林先生在置放琴谱的地方，嵌着一面镜子，她从镜子里能观察到操场上的每个角落。

做操之后，林先生就带领我们跑步，再之后，听凭大家疯玩——跳绳，拔河，踢毽子，爬竹竿——这是校园里最欢快的时刻了。更让我们兴奋的是，林先生隔三差五地组织班际"司令球"比赛——类似篮球比赛的一项运动。那时候，大家对篮球运动知之甚少——两支队伍进行对抗，一队9人：3个前锋、2个小将、1个大将、2个挡小将，还有1个挡大将。比赛紧张激烈，十分有趣。逢到冠亚军决赛，校园里张灯结彩，像过节一般，师生簇拥在操场四周观看助威，气氛热烈，盛况空前。林先生充当"勒夫令"（裁判），执法时候，她将中指和大拇指含在口中鼓气猛吹，以

三、亦师亦友

代替吹哨,分贝高,效果好。比赛结束,她用右手打一个"响指",于是,我们这些运动健儿笑逐颜开,屁颠屁颠地围在她周围马前鞍后。用现在的时髦话来说,那时的我们,绝对是林先生的"铁杆粉丝"。

说来也怪,自此,我变得守规矩了,变得爱读书了,成绩自然提高许多。有一次,还被评为"模范生",胸前挂着个红五星,到校园各处炫耀,心里美滋滋的!

弹指一挥间,30年过去。改革开放年代,觉民小学那些海外校友回到上海之后,最想拜见的就是这位林慧先生。

林先生终身未嫁,与胞弟一起生活,栖居在浦东沈家弄路一幢老工房内。胞弟先她而去,林先生孑然一身。

1999年,有关部门拟举行"特级教师贾志敏从教40周年"的庆典活动。我得知林先生在浦东居住,就登门拜访,盛情相邀。庆典那日,宾客济济一堂,林先生应约赴会。半个世纪过去了,她苍老许多,满头银丝,皱纹爬上额角,步履不如先前那样轻快敏捷,身上特有的青春与活力已经不再。然而,精神矍铄,气质高雅。我握着她的手,问寒嘘暖。她不无自豪地告诉我:"做教师真好……我的学生遍布天下。现任香港特首董建华也是我的学生。"轮到她登台演讲,她说:"我当了一辈子小学教师。做教师无尚光荣……社会的中坚力量必须靠教师来培养。"

她的发言简短有力,获得的掌声热烈持久……

## 2. 怀念大姐

令母亲骄傲的是，自己目不识丁，所生五个子女全是教师，连娶进的两个儿媳也是教书的。

大姐贾志勤，长我14岁，1925年生，属牛。1948年毕业于上海圣约翰大学英文文学系，高材生，口语极好。一次，在有轨电车上，见洋人无端歧视华人，她用流利英语和肇事洋人争执起来。事后，该洋人连声道歉："Sorry, Sorry!"

解放初，大姐在上海徐汇女中执教英文，很受学生欢迎。由于历史原因，英文这门学科被砍，只得改教汉语，同样教得出色。徐汇女中改市四女中后，她是学校中为数不多的高级知识分子，三年自然灾害期间，还享受着"黄豆干部"待遇，1989年首批被评为中学高级教师。

1958年，我高中毕业，因"家庭出身不好"的缘故，连续4次报考大学，均未被录取，只得辗转代课。我不会教书，只得求教于大姐。她教我如何把握教材、如何设计教案、如何驾驭课堂、如何评改作文等。由于她学识渊博，语言生动，语感极佳，普普通通的一件事情，只要出自于她口，就会变得有声有色，叫人爱听。她介绍的一个个生动教例，给我留下

三、亦师亦友

深刻印象。这一切，对我以后能成为一名合格教师起着重要作用。

大姐是一个知识女性，一个女人家带着四个孩子，还雇着一个保姆，住在仅8平方米的斗室里，生活艰难。但是她精神依然振奋、热情依然高涨，全身心投入教育教学工作中。

四个孩子正当读书长进之时，恰逢知识青年上山下乡大潮。没有一个孩子能深造于高等学府，这是令大姐有些伤感的。然而，让她庆幸的是，她教出了一拨又一拨的优秀学生。她常常把得意门生的名字挂在嘴边：华东师范大学中文系教授沈惠乐、著名电影配音演员刘广宁……

大姐十分眷恋教师这份工作，临退休之际，还羡慕着兄弟姐妹仍能在讲台上授课，她说："人生就像坐电车。平时忙忙碌碌，上车又下车。退休了，就像坐车到了终点，下了，再也不须上了。"

大姐手脚麻利，思维敏捷，身体亦属健康之列。1998年，她去澳洲墨尔本探望幼子，一住就是半年。岂料回国之后，健康每况愈下，记忆力越来越差，语言也不见以前那么清晰与犀利，最终瘫倒在病榻上，连生活也无法自理。

每每我去探望她，她仅睁开眼睛瞥我一眼即昏睡过去，连半句话都不愿多说。此时，唯我能从她的眼神里，看懂她想对我说些什么。

大姐生性好强，不肯轻易服输。她常说："人不能有傲气，却不能没有一点傲骨。"病倒之后，她不要别人同情，更不求他人怜悯。她执意不让同事、学生去探望她。我想，这也许是她想留给人们一个先前美好的形象吧。

大姐是一个极其普通的教师，也是她这一代众多知识分子中的一个典型。

## 3. 袁瑢老师二三事

袁瑢，一代名师，早在 20 世纪 50 年代初就以杰出成绩享誉大江南北，并获"全国劳动模范"称号，受刘少奇主席接见，和斯霞、霍懋征一起被尊为"中国三大名师"。

如今，斯霞、霍懋征两位已驾鹤西去，袁老师亦已年届九二。离开教坛已经多年，但她仍心系语文、心系课堂，心系学生和老师……

### （一）

2014 年春，书桌上电话铃骤然响起，是袁瑢老师打来的，电话里传出袁老师急切的声音："我一直惦记着你们，你能来看看我吗？"

第二天，我放下案头工作即去拜见袁瑢老师。在上海老城区一条僻静的弄堂里，找到袁瑢老师居住 20 多年的住所。老式公寓房，一梯多户，不见电梯，与近处充满现代气息的高楼相比，实在有些寒酸与局促。很难想象在这寻常小巷里，正住着一代教育名师。

轻轻叩响袁老师家门，开门的是袁老师的儿子。走进袁老师居室，有一种温馨的感觉，书房简朴而雅致，茶几上置着一盆怒放着的水仙，书柜里整齐地摆放着各种书籍，墙上挂着一幅匾额："一代师表爱相随，教书育人品自高。"

阳光从窗外照进来，不开空调也显得十分暖和。看到我到来，92高龄的袁老师开心地向我致意问好，握着我手笑呵呵地说："你怎么不常来看看我呀？我很惦念你们呀！"她亲切的笑容，甜润的声音，让我倍感温暖。袁老师一一询问那些同事、同仁近况。满头银发的袁老师思维清晰，神清气爽，目光安详。袁老师儿子悄悄告诉我："老人近日受腿疾所累，行动不便，坐在轮椅上已经多时，这些天腿伤复发，疼痛难眠，必须得每日接受保健医师推拿与按摩。她牵挂的就是教育、学生以及你们这些老朋友。"

一提起语文教学，袁老师变得神采飞扬，话语滔滔不绝。她说："这几年出去不多，但你们的上课视频，我还会经常观看。"

谈到当下学校教育，袁老师不无忧虑："现在的孩子负担太重啦！一年级课文有四十几篇，那么多，那么长，你让六岁孩子怎么受得了？课堂上，大量资料补充，太多课件播放，嘈杂小组讨论，学生哪有心思静静悄悄地读、扎扎实实地练呢？"

话匣子打开以后，有些收不住了："还有，社会、政府都在关注大学、中学里产生的诸多问题。其实，症结恰恰出在小学里面。小学教育是基础教育，十年树木，百年树人，要从根本上抓……"

从袁老师神情和话语中，我感受到，这位老人心中始终装着学生、装着课堂、装着中国语文教育。虽然，她行动受阻，足不出户，但是对教育那份挚爱与担当从未放下过。

真是一位可敬可亲的老人。

## （二）

我书桌上放着一盏灯，很普通，暗红色的，灯座是圆形的，由底座向上伸展出两根弯曲着的铁管。铁管顶端连着两个白玉兰花苞似的灯罩，典雅秀美。

夜阑人静，我便坐在灯下看书、读报、备课、写作。这是我一天生活中最惬意的时光。它看着我批改一篇又一篇作文，它伴着我度过一个又一个夜晚。

这一盏台灯，是袁瑢老师赠送我的。记得，一个语文教学活动的那天早晨，袁老师吃力地捧着它，踏着阳光，徒步走进我们学校大门，递给了我。她握着我手深情地说："让它为你照明，让它伴你学习。"我无语，但心灵深处被震撼着。

我是在上世纪中叶开始教小学语文的。其时，我无任何教学经验，不会上课，不会批改学生作业，仅知道上海市实验小学有一位优秀教师袁瑢，她有着丰富教学经验。于是，我认真拜读袁老师的文章，学习她的教学经验。边学习边实践，终于会上课了，终于会批改作文了。

"文革"结束，我有较多机会走进袁老师的课堂观摩她的教学。袁老师治学严谨，态度亲切，语言朴实。这一切让我钦佩，令我折服。随后，有机会和袁老师零距离接触，和她一起评选上海市小学生优秀作文，一起编写北京、浙江、江苏和上海四省市语文教材，一起上井冈山革命老区授课讲学，一起到深圳经济特区交流教学经验。1982年，她还来到我的学校为我班学生上了一堂语文课《草船借箭》。她钻研教材深入细致，设计教案一丝不苟，上课从容自如，言行举止随和而谦逊，俨然是一位"学高为师，身正为范"的长者。

（三）

1983年，上海教育出版社美术编辑室约我和其他教师一起编一套看图作文挂图，供教师教作文用。

我提议画一幅"拜年"的图片，画面上表现的是两代学生给一位老教师拜年的情景。

"这位老教师该是怎样的形象？"美术编辑征求我的意见。我毫不迟疑地说："袁瑢老师即是。"

挂图出版了，人们看了，惊喜地说："那不是袁瑢老师吗？"

2003年，在青岛举行了一次由民间发起的"纪念袁瑢老师八十寿辰暨从教50周年"活动。与会者来自全国各地达千余人，气氛热烈，内容丰富。有上课的，有讲演的，有撰文的，还有献诗、作画的，热闹非凡，群情激昂。那一刻，袁老师显得很是兴奋。

我走上台，把珍藏二十余年、袁老师亲笔书写的《草船借箭》备课草稿归还给她，袁老师拿着这两张泛黄的纸片，看了又看，喃喃地说："这是我写的吗？你还藏着它？谢谢！谢谢！"

当时，袁老师的眼眶里闪着泪花，会场上响起经久不息的掌声。

我是读着袁老师的书慢慢成长的；我是踏着袁老师的足迹渐渐成熟的。

衷心感谢袁老师，谨祝袁老师健康长寿！

## 4. 我的榜样

——王旭明《我为什么重返讲台上语文课》一文读后感

我，一个执教半个多世纪的小学语文教师，看了《语言文字报》刊发的王旭明先生的《我为什么重返讲台上语文课》，老泪纵横，感慨良多。

王旭明社长的长文计八千余字，我手持放大镜一字不落地从头读到结束。读着，读着，我仿佛听到了他心跳的声音，似乎目睹他那矫健的身影，更深切地感受到了他矢志不渝的追求和夙愿。王旭明先生的形象，在我心目中变得越发高大、丰满……

我心目中，王旭明先生究竟是怎样的一个人？

首先，他是一个雅士。

以往，我比较多地在电视屏幕上看到他的光辉形象：潇洒、儒雅。司职教育部新闻发言人期间，他秉承"观点是政府的，语言是自己的"宗旨，言语风格独具一格：鲜明、独特、率真、泼辣，不说大话、不说套话、不说那些永远无可挑剔的空话。在各个领域里、各个层面上，扩大了政府教育政策宣传的影响力。

2008年5月12日，四川汶川发生罕见的特大地震，有一个范姓教师不顾学生安危，带头逃跑。有记者就此采访王旭明先生，请他当众摆明态度。记得，他即席讲了一句特别富有哲理的话："人可以不崇高，但不能无耻。"回忆起来，令人敬佩不已。

他，雅士也。

其次，他是一个战士。

面对社会上一些颇不公正以及令人讨厌的种种丑陋现象，他总是嫉恶如仇，一身正气，以一个知识分子的担当和勇气，发人所未发之声。闻之，酣畅，痛快！

身为语文出版社社长、语文版教材主编，近年来，他无数次走进中小学课堂，接触众多中小学教师，观摩不计其数的中小学语文课堂。这之后，他为语文教学之现状及前景表示无尽忧虑和无限失望。源于此，他组织一批同仁志士集结在福建聚龙，发出倡议，提出理念，并发表《聚龙宣言》。此后的数年里，他率领众多教师，奔赴各地，辗转南北，或培训青年教师，或示范语文课堂……一场真语文运动以磅礴之势席卷全国，冲击歪理邪念，改变沉闷课堂，转变无数教师的执教人生。没错，他是一个战士。

再者，他是一个勇士。

他提出的真语文理念，旗帜鲜明地反对在示范课上进行无效表演，反对教师在授课过程中过度使用PPT。他明白无误地提出，语文课应该追求工具性与人文性的统一，提倡教师要真教，学生要真学，评课者要真评，倡导"要说真话"。这些正确理念的形成，并非一蹴而就；这些理念之推广，也非一帆风顺。相反，阻力重重，困难不少。有人固步自封，竭力反对。恣意围攻者，有之；恶言谩骂者，有之；人身攻击者，亦有之。王旭明先生没有因此而退缩，而妥协。他，冷静观之，泰然处之，勇敢扛起大旗，继续冲锋陷阵。如今，真语文的锐气还在，挑战还在，引领作用还在。

旭明，地地道道的勇士也！

窃以为，他还是一个壮士。

最近，他力排众议登上讲台，亲力亲为给中小学生授课，给中小学教师示范教学。此举，着实让人手心里捏着一把汗。他要在千尺高空，独步钢丝！有言道，"一失足成千古恨"呀，这件事情的本身就是巨大的挑战，是一般人所不敢想也不敢为的。万一上得不好，如何向众人交代？我坐在讲台底下，目睹他气定神闲的身姿，真为他那非凡的勇气肃然起敬。此时，电影《英雄儿女》中，在战壕里，王成冒着连天炮火，孤身一人向着对讲器声嘶力竭地喊着"向我开炮——"的一幕油然而生。壮士也！

《我为什么重返讲台上语文课》一文中，他给出的十条理由，解开了旁观者心中的谜团。诚如所言，他的课紧扣教育部颁发的《语文课程标准》，他课堂上所呈现的，正是他一贯倡导的"教师本本分分教语文，学生真真切切学语文"，咬得紧，扣得准。他有荆轲"风萧萧兮易水寒，壮士一去兮不复还"的坚定和壮烈，他有刘邦《大风歌》中"大风起兮云飞扬，威加海内兮归故乡，安得猛士兮守四方"的那份踌躇满志和心怀天下的胸怀。

此时，我更认为：王旭明社长真急了！他亲力亲为，亲自上阵，赴汤蹈火，在所不辞。所幸，王旭明社长的努力以及所达到的高度，恰恰带给年轻教师更多的勇气，鼓舞了所有的教者。王旭明先生的功底以及对事业的挚爱，决定了他即使步上讲台也能够光彩夺目。

王旭明先生的学识、修养、阅历、勇气等，我们众人无法企及，只有认真学习之。王旭明先生永远是我们语文人的榜样，跟随他，踏实走在真语文的路上，此生无憾！

## 5. 我唤他"立岗"

如若要撰写中国现代小学语文教育史的话,那是绕不开"吴立岗"这个名字。吴立岗教授是德高望重的学者,他对我国小学语文教学改革和发展作出了杰出贡献。

我和吴立岗教授从相识、相知到深交已有37个年头了,关系不可谓不密切。我比他大三岁,所以,我唤他"立岗",他则称我"老贾"。

立岗是我挚友,也可谓导师。

我知晓他的大名要追溯到上世纪70年代。那时,我走出"牛棚"不久,教三年级。为让学生把事物写具体,我把实物带进课堂,指导学生观察,然后让他们写片段。有时师生共演小品,再让孩子习作,效果居然不错。孩子们兴趣盎然,作文的能力提高明显。

其时,上海第六师范学校梅仲逊老师神秘地对我说:"我介绍你认识一位老师,你们可谓'志同道合',你见了他也许会感兴趣的。"

在梅老师的帮助下,我终于第一次见到了吴立岗老师。

那天,吴立岗老师在一所中学里作报告。30有余,中等个儿,不算太胖,待人和气。他语速不快,娓娓道来,诙谐幽默,谈吐不俗,气氛异常热烈。

　　记得，他介绍的是苏联素描作文教学理论与实践。由于案例生动，和我正在实践的几乎一拍即合，所以我颇感兴趣。散会以后，我俩紧紧握手，相见恨晚，似有着说不完、道不尽的话语。

　　1980年，我调入昌邑小学任教，带着两个孩子栖居在简陋办公室里。此时，立岗也调入上海师范大学任教。这一段时间里，我经常上作文观摩课，听课老师也很多。记得，只要我上观摩课，立岗无论工作多忙，也无论路途有多远，总是早早地坐在讲台边，微笑着看我上课。课上完了，他总要发表些意见，犀利而中肯。

　　评完课，时间已经不早，他回家还有很长一程路，于是我留他共进晚餐，他也不客气。我炒两碗饭，煮一碗汤，课桌两旁，各坐一方，边吃边聊，十分惬意。

　　那些日子里，我们见面的机会较多。现在想来，真有点不可思议，那时，不知哪来这么多闲工夫，他不断过江来看我；我也会经常骑着一辆破车，蹬一个多小时，去他寓所小坐。有时不凑巧，他没回家，我就干等。由他大公子吴征接待，沏杯绿茶，陪我聊天，直到立岗归来，吴征才悄然离开。

　　1982年冬，中央教科所张田若牵头，在山东牟平召开全国部分省市农村作文教学研讨会。立岗和我与会。其间，我有幸结识不少专家和学者：北京张田若，广东丁有宽、钟治祥，天津陈文彰等，让我学到许多东西。我和立岗同寝一室，朝夕相处，我对他的为人、处世有了更多了解。

　　凡是认识立岗或者和他有过接触的人，都会留有这样印象：为人热情，乐于助人，没有架子，不难相处。

　　上世纪80年代末，我和立岗去广东交流。肇庆小语会会长梁旭金和广州芳村教研室主任钟治祥一路陪同。当时，条件有限，主办方考虑到立岗是大学教授，所以给了他一个单间居住，梁、钟和我合住一个三人房。晚饭之后，我们四个人谈兴正浓，不知不觉，到了深夜。立岗怕影响他人休息，不想回自己房间睡觉了，说："凑合一下睡吧。"然而，四个人，三张

三、亦师亦友

床，怎么睡？我们三人坚持让立岗睡床上，他却执意不依，提出"论资排辈"，按年龄算，从小到大，谁最小，谁就睡地板。当时彼此间均不知别人的确切年龄，故，众人皆无异议。各自报出出生年月后，还是立岗最小。这一夜，他真的在地板上和衣睡了。他躺下不久，就鼾声大作，且震耳欲聋。当我们入睡时，天也已经快大亮了。

说立岗是我的导师是恰如其分，一点也不为过。

我做教师，纯属偶然。高中毕业之后，既没有经专业培训，也没有进大学深造，全凭一腔热情，苦苦摸索。

立岗送我《给教师的建议》，让我细细阅读；立岗介绍"素描作文教学"理论，指明我实践方向；立岗指导我作文教学研究与探索。经过他手把手地帮教，我终于取得点滴进步。

记得，他在深入了解我作文教学状况之后，撰写了万余字的总结：《试论贾志敏老师的作文教学特色》。文章结尾是这么写的："小学作文训练的任务主要是培养学生运用语言文字的能力。至于提高思想认识、发展智力技能、扩大知识视野、培养健康个性等，都是结合着主要任务恰当地完成的其他任务。贾志敏老师对这个问题的认识是正确的。他把全面提高学生素质作为作文教学出发点，把激发学生的作文动机和兴趣作为作文教学的突破口，把鼓励学生表达真情实感和发展学生智力作为作文教学的保证，而把扎扎实实地掌握语言文字的基本功作为作文教学的核心任务。这样，他就理顺了作文教学中的各种关系，创造出一套完整的，以'高''趣''真''活''实'为特色的作文教学经验。"

这番话，说得我汗颜和忐忑，我只能权当鼓励与鞭策了。

我在课堂上搞语文教学实践，立岗则进行语文教学理论研究。我们间互为补充，相得益彰。更多的是，我从立岗那里获得很多有益东西。

挚友、导师，是我对立岗之称谓，更是我们之间长达37年友谊的真实写照。

## 6. 我眼中的陈洁

金秋。

一个上午。

阳光明媚。

我到《浦东教育》编辑部办点事。恰逢主编陈家昌先生和几位教师商量工作，陈洁也在。他们正筹划《浦东教育》介绍陈洁的事儿。我一时兴起，竟不识时务地毛遂自荐，脱口而出："我写一篇。对陈洁，我有话可说；对陈洁，我有话要说。"大家闻之，顿生喜色，连连称好，频频道谢。

所以，"我写陈洁"，不是组织"派发"的任务，恰恰是自己揽下的活儿。

说"对陈洁，我有话可说"，那是因为我和陈洁的关系比较特殊——

我教过她一年，当过她两个学期班主任。所以，我是她老师，她理应是我学生。

师范毕业后她当了教师，我们变成同行。她依旧叫我"贾老师"，我则改口称她为"陈洁老师"。

更巧的是，不久，我们又在同一所小学里谋职共事。这样，我俩就成了"在同一个办公室里办公"的同事。

有一年，黄浦区教育局安排我俩结成师徒，让我"带教她"。这样，我名正言顺地当了她师傅，她则成了我嫡传弟子。

后来，她调入黄浦区教育学院教研室任教研员，我则经常要摆渡过江去聆听她"分析教材"和"布置工作"。

巧合的是，我们俩又居住在同一个生活小区，成了抬头不见低头见的街坊、邻居。我担任校长一职之后，陈洁则调到第三学区当视导员。她经常要下基层，上学校检查、指导工作。如若她来到我们学校，我则要正襟危坐、恭敬从命地向她汇报工作，听取意见。这样，她俨然成了我的上级领导……

上上下下，反反复复，真是"剪不断，理还乱"。

说"对陈洁，我有话要说"，那是因为——

## 我当过她一年班主任

陈洁生于 1969 年。

20 世纪 70 年代初，"文革"还未结束，学校秩序仍属不甚正常。

因为其父亲一度也当过教师，我们彼此熟识，所以，他经常带着小陈洁来学校玩耍。大人们聚在一起，难免想说说话、聊聊天，怕孩子吵闹，就把小陈洁随便往哪个教室里一塞。说也奇怪，才四五岁的小陈洁坐在教室里既不吵也不闹，她学着别的孩子样儿，涂涂、画画，还会举手发言呢。大家都觉得好玩、有趣，齐夸她聪明、乖巧，将来准是读书的料。

1977 年，她正式上学读书了。记得，当年，她的班主任是王荷玉老师。陈洁才读一年级，就显露出不一般的聪明才智和组织能力。发起口令来清晰响亮，读起书来摇头晃脑，大家都喜欢她。只要提到陈洁，班主任王荷玉老师就会眉飞色舞，喜不自禁。

1979 年秋，粉碎"四人帮"后的第三年。我将一个三年级的班带到四年级。那时，中央号召"多出人才，早出人才，快出人才"，我头脑发热，提出"由本人包教语文、算术"，"一年完成两年学业"，"教完四年级，让这班学生和五年级学生一起报考中学"的想法。当时，领导默许并核准我这一大胆的"教育实验"计划。

经王荷玉老师推荐，读完二年级的小陈洁在没有读三年级的情况下，直接升入这个四年级"实验班"。教室里，数她年龄最小、个儿最矮，又少读一年书，然而，她的各科成绩照样"异常出众"。

1980年初夏，这班四年级44个学生报考中学，居然考得不错。陈洁以优异成绩考上当时的"重点学校"——浦明中学。我们为她高兴，她父母则乐不可支，喜上眉梢。

所以，陈洁在小学里只读了三年书，因为她一连"跳"了两级。

### 她报考师范缘于喜欢做教师

这一班学生毕竟少读一年书，进入中学以后，各个方面能否跟上别的学生？这是我颇为担忧的。

所幸的是，经实践他们和其他学生差距不算太大。拿陈洁来说，尽管她少读两年书，学习成绩照样名列前茅。这让我欣慰不已。

一晃，三年初中学习生活结束，初三毕业学生要重新选择学校继续深造。出乎意料的是，这一个"实验班"里竟有六名学生报考师范学校，陈洁是其中一个。

师范学校里有诸多教师我熟识：毛礼智、谢俊后、柳泽泉、鲍志申、吕香珍等。我经常去拜访、请教，顺便了解一下这六名学生情况。

据教务主任吕香珍老师介绍，这些同学"专业思想巩固""学业成绩优秀"。尤其是，"陈洁十分出众，口齿伶俐，胆子特大，将来很可能成为优秀教师"。

一天，在校园里，遇及这些学生。我问她们为什么选择这个专业，她们直言相告："你为我们做出榜样，我们要做像你一样的小学教师。"

我记得，当时，陈洁是这么说的："我从小就想当小学教师，父母亲都支持我，所以我就报考师范学校了。"

听了他们这一番话，我不由感到宽慰和释然。

### 丁筱宝老师说，陈洁是一棵好苗

1986年，从师范毕业后的陈洁即被分配到浦明师范附属小学任职，教起始班语文，兼做班主任。领导还选派富有教学经验的丁筱宝老师带教她。

其时，我还在昌邑小学任职。好在两所学校相距不算太远，我能经常骑着自行车去看望她、鼓励她。据丁筱宝老师介绍，"这孩子正派，顶真，踏实，肯做，是一棵好苗"。

不久，我也鬼使神差地调入这所学校任职，和陈洁成了"在一个办公室里办公"的同事。

正如丁筱宝老师所言，陈洁以出色的工作证明自己完全能胜任小学教育教学工作。不管担任起始班班主任还是教毕业班语文，她都兢兢业业、虚心好学、关爱学生，成绩斐然。

那一年，她才17岁，教一年级。自己还需要爸爸妈妈照顾，却要安排小学生生活，真不容易。备课，上课，批改作业，家庭访问……对她而言，困难重重。然而，她俨然像个大姐姐，耐心地喂孩子吃饭，细心地教学生写字，工作异常出色，深得家长信任并受学生爱戴。

第二年，她改教五年级，才18岁。五年级个别学生长得比她还高还大，如果不仔细看的话，还真认不出谁是学生，谁是老师。陈洁的工作很到位，下课了，在教室里和学生同娱同乐。所以，她和学生关系处得十分融洽，每周一的集体晨会上，她带的班总是有机会上台领取这个奖那个奖的。

她还认真钻研业务，经常到别的教室里听课，和同事探讨教育、教学上的诸多问题。

1992年，上海市举行青年教师教学大奖赛，各区层层选拔优秀教师参赛。

陈洁老师被学校选派去参加比赛。记得她执教的课文是《李时珍》。我们教研组集体备课，群策群力，共同研究。我还从黄浦区图书馆的故纸堆里找到《本草纲目》带回来，一起细细翻阅，精心设计教案。

由于她态度亲切、语言清晰、设计合理，效果显著，在学区比赛中，荣获首名；区级比赛中，她获得唯一的特等奖；市级比赛中，她又荣获一等奖。

这一年，她被评上"上海市新长征突击手"。

接着，她被抽调到黄浦区教育学院当教研员。当了教研员的她，一如既往，虚心学习，服务教师，时常跟着沈骥老师下基层了解情况、指导工作。

尽管工作满满当当，却获得如潮好评。

### 她心里，总是装着帮助过自己的人

浦东新区建区之后，她从黄浦区调入浦东小教第三学区担任视导员工作。

第三学区撤并以后，她又被安排到浦东第二中心小学担任支部书记、校长工作，直到现在。

2002年，我从岗位上退休。自此，我们之间的接触就比较少了。我只能从媒体上读到有关浦东第二中心小学办学成果的诸多利好消息了。

尽管她工作忙忙碌碌，但还是将我们这些退休教师挂在心上。她时不时地会挂个电话或者发个短信问候一下。有时会主动上门询问，需要什么帮助。逢年过节，她会挨个拜访老教师，送上问候与温暖。因为她时刻将老教师放在心上,所以退休教师相聚在一起时,只要提及陈洁,大家都会表露出一式的印象和同样的看法。

有一年的教师节前后,她邀请原浦明师范学校的校长、教师以及带教过她的老师一起过教师节。我也在被邀之列,十分荣幸。大家围坐一起,喝茶聊天,情意浓浓。师生相聚,其乐融融。

陈洁常说:"没有老一辈的引领和帮助,哪来我们年轻人的今天?"

陈洁还说:"尊老,是一种传统美德。我们每一个人都会渐渐老去。今天,我们去关心老人,正是在为年轻人做出表率和榜样。等我们老了,这些年轻人才会来帮助我们。"

在陈洁的心里,总是装着那些曾经帮助过自己的人。

她,知恩图报。

殷切希冀——在教育人生之道路上,陈洁一如既往,迈出坚实的每一步,留下一串串清晰的脚印……

## 7. 她，感动了小语界
　　　　　　　——记吴琳

　　近几年来，在小学语文教学的领域里，一个叫梅林的人，跃入教师的视线，引起了人们的普遍关注。大家纷纷打探着："梅林是谁？"

　　前几年，"非典"肆虐神州大地之时，学校先后闭门"谢客"，学生无法上学。什么都可以等一等、搁一搁，唯独教学不能耽搁。于是，中央电视台教育频道开设了"空中课堂"，聘请优秀教师在演播室为孩子们授课。这位梅林老师和她的同事们，步入这特殊课堂，进行了历史性的特殊教学。

　　由于她教学语言生动风趣，教学态度亲切自然，教学效果突出显著，因此，梅林老师很受学生的爱戴、家长的青睐。

　　随着时代的进步，社会的发展，电脑走进平民百姓家庭之后，不管是大人还是小孩，均能从电脑上获取所需知识。是这位叫梅林的老师自费开设了"吴老师工作室"网站，她用"梅林"作为网名，和网友们交流教学心得，为青年教师进行教材分析，向同仁们介绍海内外最新教学理念及其动态。

由于网站内容广泛，观点鲜明，切合实际，言语活泼，所以，小学教师十分喜欢到"吴老师工作室"做客、访问。

近年来，在全国颇有影响的语文专业刊物，如《小学语文教师》《小学语文教学》《小学语文教学论坛》《全国百家作文指导》等相继发表梅林撰写的教学随笔、听课笔记、教材分析、教案设计以及名人对话录等。梅林的观点鲜明，视野宽广，文风清新，文笔老到，很受广大读者欢迎，人们争相传阅、拜读，以一睹为快。

在北京、杭州、青岛等城市举行的大型语文专业会议上，又是这位梅林老师充当主持人。她语音清醇，举止大方，言语得体，谈风犀利，入木三分，常常以柔克刚，或评点，或提问。台上与台下互动，专家与教师交流，全赖梅林老师穿针引线，使得会场上掀起一拨又一拨的高潮。难怪与会老师发给梅林信息："感谢你的创造性劳动，为我们提供了丰盛的精神大餐。"梅林，梅林，在小语界，似乎在一夜间，从天上掉下一个神秘人物。

其实，梅林的真名叫吴琳，是北京崇文区教育研修学院一位普通语文教研员。

师范毕业后，她当过语文教师，做过班主任，当过教学主任，小学的流程，她亲历亲为过。

她兴趣广泛，多才多艺，聪明好学，能歌善舞，能说一口流利的英语，能画栩栩如生的人物肖像，硬笔书法漂亮隽永，玩电脑更是她的拿手好戏，打字速度极快。边听课边敲击键盘，课毕，一篇完整的实录当即呈现在你面前，让你赞叹，令你折服。

不过，她独钟小学的语文课堂。她说："我一走进课堂，就充满活力了，一见到学生，就会产生一种莫名的冲动。听到一堂好课，会情不自禁地击掌叫好；遇着一堂糟糕的课，会惋惜不已，会主动与执教教师切磋交流。总之，我就是语文，语文就是我。"

认识吴琳老师是在上个世纪90年代。其时，她在北京朝阳区任语文教

## 与讲台同在

研员，我在上海浦明师范学校附属小学任职。一次，她随北京一个教育代表团来我校参观访问。相识之后，联系并不多。本世纪初，我们的接触开始频繁。特别是在一次大会上，北京朝阳区教育局长让吴琳拜我为师之后。

与其说我是她的师父，还不如说，我从她身上学到更多的东西。

她是一个对待工作极其认真的人。

她深切地知道，身为语文教研员，生命在学校，活力在教室，因此，必须扎根于课堂，埋头于教学中，要重"教"重"研"。她经常穿梭于学校与学校之间，或听课，或辅导，或研究。需要时，她会亲历亲为，"亲自下厨"，自己上课让青年教师观摩。

只要有学习的机会，她是绝对不会轻易放过的。记得有一次，我电话告知她，过几天，我们将到松江区去听两节课。她兴奋地表示："我也去如何？"我以为她开开玩笑而已，便笑而答之"随你吧！"没想到的是，当天她竟然自费搭乘飞机来沪参加我们的那次教研活动，令我感动不已。为了不影响本职工作，当夜她即乘飞机返回京城。那天晚上，我们在机场餐厅里候机时，谈得很深入、很愉快。直到深夜11时，我目送她通过安检步入候机大厅。

曾经，我在上海人民广播电台录播《贾老师教作文》节目。她获悉之后，向我要去了录音，一边驾车，一边倾听我和孩子们的谈话。她说，学到了许多东西。

她真像一块海绵，不断汲水，不断充实自己。有两样东西她是随身带着的：一样是录音笔，另一样是手提电脑。与人交流，听人报告，和教师备课，她会用录音笔悄悄地把交流的内容录下来，随后，整理成文。因此，可以毫不夸张地说，当今，保存语文教学资料最多的莫过于吴琳老师了。用她的话来说："和专家、名师交谈是一种学习，是一种享受。把它们记录整理下来，是在抢救珍贵的教育资源。"

她拜访上海的袁瑢老师，求见绍兴的周一贯老师，都是自掏腰包，挤出时间去的。像她那样对待小学语文教学，到达如痴如醉地步的人，恐怕是绝无仅有的了。

她对语文教学有着深入的研究，独特的见解。

正如她自己所言：教研员如果不下水，也一样会眼高手低。不能亲历课改的艰辛，就没有发言权，更无资格对教师的课堂教学指手画脚。于是，每日挑灯备课，每学期坚持上一定数量的"下水课"，成了她一项重要的工作内容。

正由于她长期"沉没"在课堂里，正由于她"活跃"在教师中，所以她掌握着第一手资料。课堂教学中的得失成败的教例，她可以如数家珍，信手拈来。

这些"第一手资料"滋养着她，让她日渐成长，独占鳌头。

随着课程改革的不断深入，课堂上出现的一些新的教学手段都是对传统语文教学的改革，为现时的语文课堂吹来了徐徐春风。然而，在令人欣喜、让人振奋的同时，也出现了与新课程理念"貌合神离"的现象。一些语文课上，太多资料的补充，太多的媒体演示，太多的"小组讨论"，太多的片面追求形式的做法，大大降低了语文教学的效果。对此现象，吴琳老师有着清醒的认识。她大胆地提出了五个"是否"——

是否体现了学科的本质。语文课不能离开"学语习文"，要有语文味。要动情朗读、静心默读，要圈点批注、品味词句，要动笔书写、积累感悟。

是否体现了以学生发展为本。语文课应关爱学生的生命发展，让学生学有所获，或获得知识、习得方法，或触动情感、提升人格。

教学手段是否有效。教学手段的运用应为学生的语文学习服务。现代信息技术手段和常规教学手段各有所长，要根据需要和可能，恰当选用。教学中应处理好手段与目标，手段与内容之间的关系。

是否拥有较强的资源意识。充满活力的教改课，应是灵活应变、因势利导、充满智慧与创新的。语文教师应有较强的资源意识，能够随时抓住教育的资源，创造充满活力的课堂。

教学是否充满个性。语文教改课应该是个性化的、有特色的。由于教师的性格、习惯、阅历不同，学生的班情、学情不同，教改课应因地制宜，彰显师生个性和优势，不求完美，但求有所突破。

她主张：还语文教学之本真，要返璞归真，让孩子静下心来学语文。

这些观点与想法，不啻是一贴"清醒剂"。她不怕得罪一些"名师""专家"，这是需要具有一点勇气的。她"眼中有物""心中有动""笔下有言"，仅此一点，值得我学习，也值得青年教师钦佩。

她是一个极具爱心的女性。

吴琳有一个温馨的家庭。她说："我把99%的时间与精力放在了事业上，家庭、子女、丈夫仅1%。我是一个不称职的母亲，不合格的妻子。"

这也许是事实。然而，我知道她的另一面。她是一个极具爱心的女性。

2005年岁末，她驾车在高速公路上。忽然听到交通台正在插播一条求助信息，说304医院有一位伤者生命垂危，急需RHAB阴性血。这是一种稀有血型，几万个人中才有一个，希望同血型的人能提供帮助。

吴琳老师知道自己正是这种血型，她毫不迟疑，立即与交通台取得电话联系，并驾车直奔304医院驶去。半路，院方血液科主任来电告知，刚才已有一位来自杭州的小伙子献了血，希望她次日听候通知，再到医院献血。

次日一早，她未用早餐，即驾车前往医院……

至今，在我的手机里还保存着2005年12月19日吴琳发给我的一条信息：我没能为那个陌生的年轻人尽一份力，他走了，到另一个世界去了。多么令人伤感的一件事啊！我早上没吃饭，一直在喝水。刚刚得知，我的爱心，那位伤者已经不需要了。

这件事让我想得很多。爱，是一种付出，是一种关怀，是一种态度，是一种储蓄。如果一个人是有社会责任心的人，他必然会慷慨地对待别人。这种人爱事业亦爱他人，似乎是必然的。

关于吴琳的故事很多，限于篇幅，就此打住吧。

吴琳是社会的人，又是我们小学语文界的人。她以她辛勤的劳动，创造性的作为，耕耘在小语这块芬芳的田野上，感动着我们。《梅林看课堂》是她努力劳作的结果，又是她的起点。她的诞生，必定受到同行的欢迎。

还是用她说的一段话作结语吧：

在语文教学探索的路上，我们仿佛置身于茂密的原始森林，那里没有现成的路，必须靠自己去寻找，开辟出一条路来。但走着走着，我们便会发现一个脚印，一块用过的木柴，一个刻在树上的记号。于是，我们知道了，曾经有一些相似的灵魂在这森林里行走，我们的灵魂特立独行，却不会形单影只。

## 8. 朱煜：大仓式的老师

朱煜先生是我的老师。

此为实话，不是客套或客气。

诚然，我们年龄相差悬殊。他小我30有余，1972年出生，与我幼子同庚，属鼠。但是，他敏而好学，读书勤奋，笔耕不辍，硕果累累。年纪轻轻却已经事业有成，可谓当今青年教师的榜样与楷模。

我和朱煜先生相识于上个世纪90年代初。其时，我在上海一所小学任职。我苦于学校师资平平，欲办出学校特色，提高教育教学质量，几成奢谈。好在上级领导让我破例招聘教师。于是，朱煜还没有毕业，我就将他"掐尖"特招到我们学校当教师了。

朱煜先生初到学校年仅18，一个毛头小伙，给人的印象是厚道、本分、积极、肯干。他喜读书、好写作，写得一手好字，为人谦和，人缘极好，一帮女教师更是喜欢与他交往，向他请教。

他在学校里干的行当实在不少，教过美术、体育，也当过语文、算术老师，做过班主任、大队辅导员，也干过教科研室主任。学校里的每个岗位几乎都"滚"过一遍，因此，他对学校的方方面面都非常熟悉，都有知

三、亦师亦友

情权、发言权。最后，他任校长助理一职，与我隔室而坐，朝夕相处。本人退休不久，他也调往另一所学校任要职去了。

## 一介书生

"爱生是立业之本，读书是立身之本。"朱煜酷爱读书，在我的印象中是一介书生。

他出生在一个书香门第家庭，其父虽然是搞机械的，却是一个不折不扣的读书人。在父亲的熏陶和影响下，朱煜从小就养成良好的读书习惯，很早就走进了书的殿堂，享受着读书的欢乐与幸福。

朱煜年幼时，就记住了托尔斯泰、屠格涅夫、陀思妥耶夫斯基、雨果、巴尔扎克、李白、辛弃疾、陆游、鲁迅、胡适、茅盾……这些作家、文豪、诗人的名字。这为他之后的读书做好了兴趣的铺垫。少年时代，他读了不少中国书、外国书。读书成为他最重要的爱好和习惯。

跨入校园，当了教师之后，他更是如饥似渴地读书，只是，此时他读书的目的更为明确：为了孩子！《古希腊教育论著选》、《教育漫话》（洛克）、《爱弥儿》（卢梭）、《小原国芳教育论著选》、《教学与发展》（赞可夫）、《民主主义与教育》（杜威）等都给他留下了深刻印象。他读了苏霍姆林斯基的多本著作，并且作了很多笔记。刚走上工作岗位时的阅读经历，为他的职业生涯打下了理论底子，使他养成了阅读理论的习惯。通过阅读，他逐步明白教育教学必须以学生为本，并且在工作中加以实践。

本人读书不多，理论基础薄弱，在工作岗位上，深感底蕴不厚、底气不足。于是，我常常向他请教。我们行政班子学习时，我多次约请朱煜为大家做读书辅导、时事报告。他见多识广，言语幽默，史料翔实，旁征博引，娓娓道来。因此，他的"小报告"既风趣又生动，从来不会让人厌倦，深得大家赞许与欢迎。

## 难得知音

怎样教育孩子？我和朱煜有着几近一致的看法和做法。在这一方面，他与我志同道合，又成了我的难觅知音。

"教书育人"是教师的天职，干咱们这一行的都心知肚明。然而，有多少人是将它奉若神明的？不少人往往一走进课堂，或者一接触学生，就会忘记得干干净净。

"教学要相长。"我和朱煜形成共识。

工人要感谢机器；农民要感谢土地；厂商要感谢顾客；演员要感谢观众；大夫要感谢病员，同样，教师要由衷地感谢学生。"知不足，然后能自反也；知困，然后能自强也。"

但是，有多少教师是这么认为并且是这样去实践的呢？

我始终认为，孩子需要教育。成功的教育应该是无痕的。让孩子在宽松、愉悦、无拘无束的状态下，给他讲一则美丽的故事，剖析一个动人的事例，告知一条感人的新闻，以启迪孩子的智慧，点燃他们心中的火花，激发他们强烈的求知欲望。让他们自己明理，自己懂得该怎样活着。这样的作为，往往会收到意想不到的效果。有人用滴水石穿、潜移默化来描摹成功的教育，其意义大概就是如此。因此，我崇尚无痕的教育。

在这样的思想指导下，每天，我利用清晨升国旗之后的一分钟时间给孩子们演讲。效果颇好。

朱煜大力支持我这样做。他每天将我的演讲稿记录下来，整理成文。风风雨雨，我坚持讲了八年，他也坚持记录了八年。最后，在他的帮助下，《在国旗下的演讲》终于面世。他还为这本书写了个序言《每天一分钟的力量》。

## "大仓老师"

在我的心目中，朱煜又是一位大仓式的教师。

不知何故，我总喜欢将他和日本作家木山捷平笔下的大仓老师联系在一起。在与朱煜合作同事的那些年，不管在什么场合，我都直呼他为"大仓老师"。他也会"呵呵"地笑纳。

20年前，朱煜揣着梦想与激情步入学校，开始他的人生"苦旅"。

他喜欢课堂，热爱孩子。他把课堂看作实现人生理想的田园；他把学生视为抽穗拔节的禾苗。他"日出而作，日落而息"，20年如一日，风里来，雨里去，没有白天，少了黑夜，辛勤耕耘，喜于收获。他把人生最为珍贵的青春年华献给了教育，献给了孩子。他默默无闻，苦苦求索，勇于实践，乐于奉献，是一位有志向的、值得尊敬的青年。

我拜读朱煜的《讲台上下的启蒙》这本厚厚的书稿后被震撼了，将近20万字。全是他平时工作中的点点滴滴。有读书笔记，有旅游随笔；有表达成功时的喜悦，也有诉说着挫折后的惆怅。文字清新，举例生动，好看耐读，发人深省。这里随手摘录文稿中的一个片段：

接了新班。开学第一天，我布置了一项作业——写一则日记。

第二天收上本子一看，不禁惊呆了。别说具体、生动了，就是"不写错别字"这一点也没几个学生能做到。学了三年语文，连写一则200字的日记还"文不通句不顺""错字别字连篇"，岂非笑话？

于是我花了整整一个半月的时间，每天早晨，用五分钟时间给学生默写字词，听写句子，朗读课文。雷打不动，持之以恒。表扬进步的，帮助后进的。渐渐地，学生悄然起着变化。他们读文章不累了，心里有话也能够记录下来了。

之后，我发现四个孩子挺会写，也愿意写。我就把他们召集起来，组成一个文学社，让他们民主选举推选出"社长"。四个孩子轮流作文，随后互相点评。休息日，我经常带他们去漫游书店，讨论习作，闲谈聊天。还常把他们的习作读给其他学生听。孩子们都喜欢听，并且慢慢体会到写作文不是老师布置的任务，而是自己的一种需要。后来有学生悄悄地告诉我，班级里成立了一个'地下文学社'。一打听，原来是一些同学受了影响自发组织起来的。

我和这班学生前后相处两年。与其说我教了他们两年，不如说我们在这两年里共同成长。因为，他们让我对作文教学产生了兴趣，还摸到了一点门路。"

读罢，喜上心头。这样的经历与作为，既具普遍性，又有独创性。一篇一个故事，一篇一个主题。我花了整整两个晚上读完书稿。掩卷沉思，浮想联翩。我想到了前苏联教育家苏霍姆林斯基以及他写的《给教师的100个建议》……扎根基层，大胆试验，潜心研究，总结经验，终于成为大教育家。朱煜不也是正循着这条路子走着吗？我期待着他"咬住青山不放松"，持之以恒，坚持不懈。他一定会收获硕果，光辉的未来正在向他招手。

书稿中，他的一番话让我宽慰与感动。我就用其来表达我对他的期望：

"探索还在继续，我对前景充满信心。为孩子启蒙是关乎民族发展的大事。宏大叙事落在了小小的三尺讲台上，落在了我们这些教师的肩头，成为责任和义务。在启蒙的过程中，将宏大变成细微，在循序渐进、润物无声中，实现师生的共同发展，让师生生命的火花点燃更多的火把，照亮美好的前程。这是我——一个读书人为之努力的目标。"

三、亦师亦友

## 9. 谈永康：敏而好学，青出于蓝

谈永康先生小我三十余岁，跟我幼子同庚，仅三十又二，属鼠。然而，他奋发读书，业精于勤，敏而好学，博学而笃志，可谓事业有成，实令人钦佩。

先前，我从未与谈先生谋面过，只是在杂志、报纸上读过他的大作。他的文章观点鲜明，文风泼辣，文笔流畅，既有传统观念，又具独创之处。印象中，他应该是一位读过四书五经的老夫子。后经上海教育出版社《小学语文教师》主编谈鸿声先生介绍，说"有一位江苏吴江的教研员意欲来沪创业"，其时我刚到学校，正愁乏人，到处"招兵买马"，见有此等人才"自投罗网"，闻之大喜。三来两去，谈先生就正襟危坐于我面前。他与我想象中的"谈永康"相去甚远，活脱脱地像刚从学校毕业的大学生。我们之间的交谈十分坦率，他述之：吴江是鱼米之乡、丝绸之府，人杰地灵，人才辈出，但与上海国际大都市相比，毕竟闭塞不少。为谋求发展，闯出新路，他相中上海，看好浦东，故投奔门下。话语急切却又诚挚，坦率而又中肯，毫无掩饰，更无隐瞒。正网罗人才的我见之、闻之，心中窃喜，没有多余的客套，也没有过多的谦让，有的是体谅与真诚，我们之间的"买卖"就一锤子成交了。

之后,我们便在一个屋子里工作,一张桌子上办公,一起商量,共同合作,感情渐深,分外愉快,成了众人羡慕的忘年交。

### 心系语文,颇有创见

谈永康先生教过书,当过语文教研员。他了解学生学习心理,谙熟语文教学规律,对小学语文教学有独特的见解。目前,语文教学效率不高,课堂气氛也欠活跃,他提出要"还交往于课堂""还阅读于学生""还生活于教学",可谓切中肯綮,如能实施,则语文教学定能大有改观。谈先生认为,二三年级是孩子阅读的最佳起步期,要创设良好的读书氛围,借助"听"与教师示范等手段,让每个孩子都爱上读书。他还认为,阅读教学必须继承传统,在强调学生自主学习的前提下,不能忽视教师的主导作用。这些观点不跟风、不随流,都颇有见地。谈先生对作文教学很是钟情,做教师时,就改革了批改与评讲,所教学生的习作时有见报,屡屡获奖;及至当了教研员,更是孜孜探索,在1999年就提出"自由作文"的观点,后来又把作文放到言语交际的大背景里考虑。这些探索、实践与后来出台的新课标都不谋而合。

### 善于思考,笔耕不辍

教育融知识性、科学性、艺术性于一炉,是一项巨大的工程。然而,在具体实施教育的过程中,却又平凡而普通:为学生系鞋带,纠正孩子错误的读写姿势,教给学生一个成语故事……点点滴滴,不一而足。唯有抓住事例,分析剖解,切中要害,找出规律,才能教好书、育好人。正如古人所说:"善歌者使人继其声,善教者使人继其志。"谈永康先生在此方面做得可谓出色。

三、亦师亦友

记得有一次我应邀到一所农村小学上课。课前，我把《惊弓之鸟》中的最后一节工工整整地抄在了黑板上。课上，一个小男孩指出我的板书有问题："老师，您写的'它'错了，下面的一撇出头了。"我一看，果真这样，就表扬了这个孩子"真细心"，然后把所有的"它"都改了过来。孩子被表扬后，更来劲地给我的板书"挑刺"，前后一共挑了四次，我呢，继续谦虚接受意见。后来，在进行朗读、说话训练时，几个学生表现都一般，还是这男孩子出了一回彩，这是我没有想到的。课后，我也就把这事给忘了。谈先生很有心，回来后就此事写了《蹲下身来》，文章随即刊登在了《文汇报》上。他认为"孩子四次挑刺，全出于好奇和认真。教师如不'蹲下身来'，肯定看不到这一点，很可能认为这孩子是故意冒犯自己，不给教师面子，即使宽容了第一次，也难以容忍第三次、第四次。贾老师能'蹲下身来'，能'忍常人之难忍'，将'挑刺风波'演绎成了课堂的一大亮点，最后赢得的不仅是这孩子对自己的尊重，更重要的是让所有的孩子都懂得了什么是平等，知道了如何不唯师，怎样与老师一起创造和谐快乐的课堂生活"。这件事虽小，但足见谈先生是一个善于观察、善于思考的有心人。

现时的世界不可谓不精彩，唱歌跳舞、饮茶喝酒、看电影、泡网吧，消磨时光，耗费精力。然谈先生却"躲进小楼成一统"，读书看报、整理笔记、撰写论文，笔耕不辍。经常有这样的情况：清晨，我走进办公室，桌上已经放着他刚刚"出炉"的新作、妙文；有时递给我一份刊登他文章的报纸或杂志，我闻之大惊，读之大喜。这些文章，他是何时写出的，材料又是如何发现的，至今我仍百思不得其解。对我来说，依然是一个谜。

**取长补短，相得益彰**

"我从贾老师身上学到了太多的东西，从教育理念到教学艺术，从关心教工到处事方法等等，不一而足。"这是谈永康先生经常挂在嘴上的一句话。其实，从他身上，我看到了现代青年人的活力和朝气；从他身上，我也学到了许多新的东西。我上完课，不用多久，一篇完整的课堂实录他便整理出来了；我的几则作文评语经过他的剖析提炼，成了培训教师的很好的材料；我每天在国旗下的演讲，他都记录在案，整理成文，仅仅半年有余，六七万字的记录稿成了众多校长的"抢手货"。他为我做了许多我想做而不能做的工作。有人对我说："你年事已高，既要管理学校，又要培训教师，还要讲课、写作，怎么忙得过来？"我闻之答曰："我不但忙得过来，而且干得很轻松。其中无甚秘密，只缘我依靠众人，我有左膀右臂。""右臂"即谈永康先生。

谈先生精力充沛，手脚麻利，才思敏捷，聪明过人。这里，借这本书的一角，表示我对他的一番感激之情。

我们之间的友谊是深厚的，我们之间的合作是愉快的。以后，我们还会一起做一些事情。我们的目的只有一个，为我们的孩子创造一个发展的新天地、新空间。

三、亦师亦友

## 10. 徐俊：十年磨一剑

徐俊是一个热爱教育事业的有为青年。当今社会里，在有些人比较浮躁的情况下，这样的青年实属难得。

我认识徐俊，并结下师徒之谊，纯属偶然。

三年前的一个阴霾雨天，我应"张化万浙派名师培养工作站"邀请，去杭州为工作站的青年教师授课。接待我的正是此次活动的主持人徐俊老师。

他，个头不高，敦实憨厚，谦恭有度，谈锋甚健。言谈间不难发现，他有着与其年龄不甚相称的睿智与淡定。他主张鲜明，举例生动，言语得体，收放自如。特别是他总结活动的那一番话，更是言简意赅，一语中的。教室里，笑声不绝，气氛浓浓。足见他的语文学养甚为丰厚，调控能力十分出色，是不可多得的语文教师。

首次接触，他给我留下颇为深刻的印象。我记住了"徐俊"这个后生的名字。

以后的日子里，我们频繁接触。他听过我多次讲座，我看了他不少现场教学。我还在多本杂志上拜读他的随笔、访谈、杂记以及课堂实录。我们经常通过电话，探讨交流一些问题。一来二去，我们还真的成了莫逆之"忘年交"了。

去年，我身体欠佳，他获悉以后，专程从温州驱车赶到上海探望我，让我感动不已。

记得，那一天，爱人与孩子均不在家，仅我一人。我们天南地北，无所不谈。从家庭琐事谈到学校管理，从育人目标说到课堂教学，从教学流派讲到上课风格……我们畅所欲言，甚为惬意。通过深入交谈，我对他的了解更为具体，认识更趋全面。

那天，我们谈兴正浓，谈着谈着，竟然忘却用餐。我提议到楼下食府小酌，他却不依。

他以为，既破费，又耗时，还是在家里随意吃一点。这回倒变成"主随客便"。我煮了两碗汤面，外加两个鸡蛋，我们分坐两边，边食面边神聊，倒也十分惬意与难忘。通过这一次交谈，我对这位青年刮目相看。

之后，我从他的同事处得知，他经常向人提起这次见面，还时时向人介绍在我家吃的"阳春面"滋味不错。"君子之交淡如水"，看来，对于研究学问者而言，精神永远是放在第一位的。

徐俊是个好做学问的读书人。

他酷爱读书。据他介绍，他的爱妻也是小学教师，可谓志同道合。一家三口，经济上不能说拮据吧，也谈不上富裕到哪里。然而，他把收入的相当一部分用作购买书籍。他迷于读书，乐于写作。"绳锯木断，滴水石穿"。读书，成为他第一需要；读书，丰富他人生阅历。他把栖居的陋室取名"栖心斋"，可见匠心。

他善于学习。凡是有学习机会，绝不放弃。或听课、观摩，或研究、讨论，很是活跃。他在浙派名师张化万、王崧舟门下研修，他拜大家靳家彦为师，他请名师于永正辅导，他还登门求教于钱正权等专家学者。他从各位前辈身上汲取养料，滋养自己。

徐俊是个学者型教师。他对小学语文教学研究情有独钟，他的一些观点和看法亦颇具见地。

比如,"什么叫名师""怎样向名师学习",对此,他有一段很好的告白:"名师是千锤百炼出来的。""学习名师,主要不是学习他们教学技巧的娴熟,而是要学习他们对于事业的执著追求和不懈努力,要学习他们对教育的痴迷和对儿童的关爱。正如齐白石所言:像我者死,学我者生。"

又如,如何看待当前的各种教学流派、教学风格,他也有着不一样的主张:"各种教学风格与语文的根本目标是不矛盾的。它们都是在达成这个目标的过程中的个性表现。""'万变不离其宗'。语文,应该姓语名文。我们要推崇本色语文,课堂上要'练语习文'。课堂教学要返璞归真,教学要平平淡淡、扎扎实实、轻轻松松。"

这些观点的形成,绝非一朝一夕、一蹴而就,它必须经过长期积累、反复琢磨、不断提炼。从这个意义上说,徐俊是一个日臻成熟的青年教师。

"十年磨一剑"。徐俊的《十年》,是他的处女作,是他十年里摸索出来的经验与总结。

我相信,它问世之后,必定会受到众多教师,特别是青年教师的欢迎。

我更相信,徐俊要走的路还长,他还要探索,他还会提高,他还会写出《二十年》《三十年》《四十年》……

我们期待着。

## 11. 我喜欢薛法根的课

法根的课每听一次，我心里都会感动一回。这感动来自于"大道至简"的语文教学——安安静静、简简单单地上课；来自于课堂上浓浓的语文情趣、语文气息；来自于法根对语文教学的执著与热爱。

法根执教的《爱之链》是我欣赏的一节真语文课，也是我们学习的范例。所有的教学环节，除却繁文缛节，只有简洁明快的几个板块，"生字默写、故事概括、揣摩特点、环境仿写"。教学目标定位准确，教学环节设计清晰，给人一种清新怡人的感觉。

一、词语训练，看似枯燥，实则有效

近期，央视、个别省台都在举办"汉字词语听写大赛"类节目，不时看到一些选手书写时笔顺不正确，写错字、别字，有的竟连最简单的常用字都无法下笔。看到此景，作为基础教育阶段的语文教师是否可以反省一下自己的教学，课堂上的词语教学是否只是走过场？再看薛老师的词语环节，"生字默写，共同评价，修改多读，牢记于心"，每一步都是扎扎实实、纯真朴素，这就是"真语文"的典范。

二、文本解读，独到清简，总是能将"深刻的东西变得简单"

课堂上，薛老师用聊天式的教学方法，将该课的写作特点"人物不知道，读者全知道"传递出来。与学生一起聊着人物之间的关系，聊着作者精妙的巧合安排，聊着故事结局的设计，聊着环境渲染的作用，就在这种轻松自在的学习环境中，学生已悄然成为了学习的主体，主动探寻小说的奥秘。薛老师的高超之处，只在疑难处、关键点上稍作点拨，致使学生心中的疑惑迎刃而解，小说的魅力"润物细无声"地印在学生的脑海里。深入浅出的教学，谁不喜欢呢？

三、语言训练，实实在在，不着痕迹

学生能将"长文变短句"，这是一种至关重要的语言能力。薛老师引导学生在充分感知理解的基础上，用自己的语言概述课文，使语感由"模糊"渐向"清晰"，由零星变得完整。长此训练，学生掌握语文工具能力，语言表达能力都会有所提高。

"课文无非是个例子"，是语言训练的例子。薛老师有着敏锐的语言观察力，善于发现最契合的读写结合点。在该课教学中，他引领学生体会环境描写的表达方法后，及时动笔仿写。这是紧扣语言文字的学习、感受和运用，是指向语文课的核心学习目标的。

语文教学需致力于发展学生的言语能力，培养学生言语的智慧。薛老师就依此"法"做着语文教学"根"的事业。

## 12. 川妹子梁艳

我结识川妹子梁艳，纯属偶然。

"迟日江山丽，春风花草香。"众多著名教师、资深专家云集江南古城，观摩优秀青年教师语文教学。场内人头攒动，热闹非凡。然而，听着，听着，越听越让人犯糊涂。怎么尽见教师独步舞台，慷慨陈词，却不闻学生"书声琅琅""议论纷纷"？师生间不是"你问我答"，就是一起观赏与课文毫无干系的视频画面。我思忖：我们只考虑自己"教"，不顾及学生"学"，孩子当然不喜欢学习语文，也难怪学生与阅读、作文渐行渐远。

一位专业刊物主编似乎与我有着同感，悄悄对我说："我一直在思考，有没有一种好的操作方法可以很快地提高学生的学习效率？看了很多，却有些失望。"他建议我去看看四川梁艳老师的课堂："她班上学生语文能力特强。很多学生出口成章，表达的内容几乎不用修改即可发表。也许，她的教学是成功的。"他说的末一句话，几乎是逐字、逐字吐出来的。

怎样教语文？当然要因材施教，要启迪学生。知识那么多，哪里教得尽？"教材无非是例子而已。"教育虽然着重在"教"字，最终目的却在受教育者"自求得之"。"今天的教，是为了明天不教。""得法于课内，得益于课外。"要在"教会"上下功夫。

这位主编的建议引发了我的兴趣：我们需要的正是这样的教师，这样的教学，这样的课堂。于是，联系上成都芳草小学的黄润清校长以后，也就结识了梁艳老师。

梁艳所在的芳草小学位于成都市高新区，规模不算大，20来个班，千余个学生，50多位教师。校园虽小，布置却极其精致，每个角落都有艺术小品点缀着，移步换景，满目苍翠。不难看出，这里的主人颇懂美学。

据介绍，该校的办学理念是："崇尚个性，享受成长"，办学成绩斐然，获得奖项颇多：全国少先队红旗大队、全国百所少儿信息研究基地、四川省政府教学成果一等奖等。

说起梁艳老师，黄校长喜上眉梢。他用带着四川口音的普通话如数家珍："梁艳老师么，是个公认的好妹子，快30了，还没嫁出去——不是嫁不出去，一米六八的高挑身材，聪明能干，知书达理，还好漂亮哦！开个玩笑，追她的帅哥足有一个班呢！只是缘于她把精力全放在学校工作和课堂教学上了，没有时间考虑个人问题。她曾多次主持成都市的大型晚会，也算个公众人物。她早在读师范时候就入了党，那年才18岁。虽是小青年，却是老党员。获得的荣誉不少：全国优秀班主任、成都市优秀青年教师……"

黄校长越说越兴奋："近年来她大胆变革课堂教学，以'课外阅读交流课''演讲辩论课''读写结合阅读课'等不同课型构建个性化教学模式，给予学生充分的自主时空，展示别样风景的语文课堂……耳听为虚，眼见为实，你们走进她的课堂，也许会有新的发现。"

见我们一行人走进教室，梁艳老师笑盈盈地迎了上来，用四川话自我介绍："欢迎专家来指导！我叫梁艳，四川绵阳人，说到绵阳大家肯定会想到5.12大地震，我就算是个灾民老师啦。你们来听课，我好紧张哦！请多多指教和帮助。"

上课了,她改用普通话教学。普通话说得极其标准,嗓音甜美,自然流畅。她尽量让学生自由表达,自己话语不多,似乎只是引导、匡正、概括、提炼。

这堂课,她正组织学生阅读林海音写的小说《城南旧事》。学生各自评价了小说中的几个人物之后,就分角色朗读其中一个片段:

"小英子,你说我是好人?坏人?嗯?"

好人,坏人,这是我最没有办法分清楚的事,怎么他也来问我呢?我摇摇头。

"不是好人?"他瞪起眼,指着自己的鼻子。

我还是摇摇头。

"不是坏人?"他笑了,眼泪从眼屎后面流出来。

"我不懂什么好人,坏人,人太多了,很难分。"

学生越读越流畅,越读越投入,课堂气氛亦随之热烈、高涨起来,教学渐入佳境——

师:"厚嘴唇"究竟算好人还是算坏人?书中的小英子没法回答。你们怎么看呢?

生$_1$:我觉得小偷"厚嘴唇"有可怜的一面——他做贼是为了供养自己的弟弟上学,所以不能说他是坏人。【部分学生点头表示同意】

师:有不同意见吗?

生$_2$:我有不同看法。即便是为了供养弟弟上学,也不能用偷的办法去解决问题呀,难道大家会认同偷东西的人是好人吗?【响起一片掌声】

生$_3$:他爱护弟弟,立志培养弟弟成材,为人和善。所以说,"厚嘴唇"身上有着善良的一面。【有几个学生鼓掌】

生$_4$:请注意,他原本不会去做贼的。他有财产,只因为他败光了家产,不得已而为之做了贼。这只能算是"厚嘴唇"身上有着一段不光彩的历史。【又响起热烈掌声】

……

师：关于"如何正确评价一个人"，你们有新的认识吗？

生5：无论评价一个人还是评价一件事，站在不同的角度去观察，其结果也不会相同。

生6：有句古话叫"仁者见仁，智者见智"，说的就是这个意思。

生7：事物有多元化，人物也有多面性。

……

学生各抒己见，各执一词，说的似乎都颇具见地。

师：所以，我们不要轻易断论。阅读《城南旧事》，要全面地评价书中的各样人物。

据介绍，梁老师的课堂，经常出现这样的场面。教师提供机会，鼓励学生缜密思考、大胆表达，自己则巧妙地退居其后，不越俎代庖，更不去压制"非主流"意见。她这样做，为的是让学生畅所欲言，表达自己独立的看法。因此，她的学生思维活跃，充满自信，敢于质疑，善于表达，充分展示其个性发展。

梁艳的课堂确实不同凡响。

她的教学里有着浓浓的语文味，课堂气氛始终活跃异常。听梁艳的课，不会感到疲倦，即使犯困了想打个盹儿也难。相反，听课者会自觉地积极思维、反复琢磨，会随着梁老师的引领去寻找答案、探究结果。她有本事能把听课者的所有感官都调动起来。

再看她教学新课《野草》的导入片段——

师：今天，咱们先从不起眼的"草"字说起。【板书"草"字】从古至今，文人墨客描绘"草"的诗句还真不少。能介绍一二吗？

生1：我说的诗句里面没有"草"字，但还是有着关于"草"的内容。

师：说来听听。

生1：野火烧不尽，春风吹又生。

师：真是。

生2：乱花渐欲迷人眼，浅草才能没马蹄。

师：不错。

生₃：天街小雨润如酥，草色遥看近却无。

师：【惊讶】这样的诗句你居然记得？

生₄：天苍苍，野茫茫，风吹草低见牛羊。

师：真是描写"草"的。

生₅：草长莺飞二月天，拂堤杨柳醉春烟。

师：你很了不起哦。【说的是四川话，诙谐幽默，气氛顿时活跃起来】

生₆：朱雀桥边野草花，乌衣巷口夕阳斜。

师：【吃惊状】哦！这可不是一般人能熟记的。我们一起背——

【师生齐背诵】

师：话归正题。今天，我们要学习的正是有关"草"的课文，题目叫——

生：《野草》。【板书"野草"】

师：作者——

生：夏衍。【板书"夏衍"】

师："衍"字读第三声。再读！

生：夏衍。

……

语文味道十足，精彩场面迭出。

"精彩的课堂，全缘于精彩的学生。"她"崇尚个性，尊重孩子"，把时间和空间留给学生，自己"躲藏"起来，巧妙引领，却不显强势。让学生尽享学习过程，获取学习乐趣。梁老师把自主、合作、探究的理念贯穿于教学之中，关注每一个学生，激发他们的表达欲望，让课堂成为学生成长的舞台。

正如那位主编所言："也许，她的教学是成功的。"

"成功的背后必然有着艰辛的历程。"是什么让梁老师如此敬业、这般投入？毫无疑问，是她对孩子的挚爱，是她对事业的追求。教育是"人"

的事业。教育者对教育的挚爱，才是改革中最需依赖的财富。教育是事业，其意义在于奉献；教育是科学，其价值在于探索；教育是艺术，其生命在于创新。

梁艳的学生语文素养比较高，主要是缘于他们喜欢阅读。梁艳认为：语文教学就是要让学生喜欢语文、喜欢阅读。"善歌者使人继其声，善教者使人继其志。"梁艳从自身做起，为学生树立榜样。她经常沉浸在书的海洋里。节假日里，泡阅览室、蹲图书馆。她把好的书目不断介绍给学生，和孩子一起阅读、一起交流、一起成长，形成很好的读书氛围。

蓉城少有"阳光普照"时。太阳，似乎不太眷顾那里的市民。所以，一旦太阳露脸了，大家像过节一般，纷纷来到街心路口"大摆龙门"，嬉戏坑娈。梁艳则喜好在阳光底下，静坐阳台一隅，喝着香浓咖啡，看一整天的书。她认为，这是最惬意的时刻，能敞亮丰富的心灵，能获得教育之灵感。

梁老师深知"孩子需要呵护，鼓励是学生进步的动力"的道理。她尊重学生的主体地位，尊重学生的创造精神，师生间构建起互帮互学的关系，形成生动活泼的学习氛围。

乌申斯基说："没有丝毫兴趣的强制性学习，将扼杀学生探究真理的愿望。"兴趣是学生探究未知的兴奋剂，是索求知识的原动力。她不断激发孩子学习兴趣。她明白，希望孩子达到的高度，永远是"变量"，而不断追求快乐则是恒久的"能量"。所以，她对学生的要求总是"逐步提高"，她只希望学生现在的"每一次"要比以往的"上一次"出色。

如何进行语文教学？梁艳有着清醒的认识。前一阵子，不切合实际的教学模式大行其道，流行甚广。这种教学注重形式，忽略效果；关注教师本身，漠视学生主体。严重脱离文本，超量资料补充，过多媒体演示，频繁小组活动，看似热闹，恰恰丢失语文之本真。梁艳没有盲从，更不跟风。她认为，语文教学不能只讲"工具性"——那样会把文章变得支离破碎，灵魂缺失；也不能只注重"人文性"——那样会架空语言，使语言的表现力、生命力丧失殆尽。教师要全面把握学科性质，除传授知识、训练技能外，还要把文章中闪光的东西挖掘出来，使学生受到感染、得到教育。如果舍弃人文精神，也就弄丢了语文的灵魂。

她认为，学生语文能力的形成，赖以语文实践。于是，她积极组织学生参与实践活动。她引领学生组建社团，书写"博客"，排演话剧，开展辩论，朗诵诗歌。她班上的"六小龄童朗诵组合"在社区小有名气，"第一辩手团"更是闻名遐迩。

她还认为，如果学生享受不到成功的喜悦，那么，我们一切努力都将于事无补，所有期待都会变成泡影。因此，她为学生创造各种机会，让他们超越自我，享受成功。她让喜好演讲的同学展示自我；为酷爱朗诵的同学举办烛光晚会；组织全班同学讨论学生自己创作的小说，还为进步显著的同学举行庆祝活动。

"千教万教，教人求真"。教师的主要任务是教学生"学"。梁艳创造的经验十分丰富。简言之，她的做法就是"让学""让热爱，让实践"。

在芳草小学呆的时间不长，留下的印象却相当深刻。

华灯初上，成都的夜景十分迷人。黄校长做东，邀集大家品尝四川麻辣火锅。席间，欢声笑语，热闹异常。话题自然免不了会扯到梁艳身上：有够严肃的，有颇感人的，有耐人寻味的，也有十分搞笑的……

——梁艳性格开朗。外在的温和丝毫掩盖不住她内心里的"辛辣"。她发现问题，不吐不快，决不"揣着明白装糊涂"。她有股韧劲儿。

——梁艳是个"开心果"。她似乎没有烦恼，总是乐呵呵的，心里头装着不少笑话和奇闻。跑到哪里，哪里就会笑声一片。

——梁艳多才多艺。读书时，学院举行声乐比赛，她勇夺桂冠。她排练的课本剧，被选送北京参加"校园春晚"展演。她辅导的诗歌朗诵节目，荣登人民大会堂演出。她戏言，想参加成都"快乐女生"选秀，争取闯进"十强"。

——梁艳是个良师，又是个孝女。她善解人意，乐于助人。平时生活

三、亦师亦友

节俭，衣着朴素。一旦学生病了，她会陪伴左右，问寒问暖，临走，还悄然留下数百元。过年了，她会塞给父母一个硕大的红包。

——梁艳还真抠门呢！一个炎炎夏日，她和同事们逛街。见到"哈根达斯"，她不知是啥玩意儿，想尝尝。按事先约定，这回该轮到王老师"埋单"，不巧，王老师没带皮夹，身无分文。此时，梁艳"挺身而出""慷慨解囊"："我有——借给你！"结果，还真借了！抠门，但不失快乐。

在芳草小学，我有幸遇见较真的梁艳老师，有幸走进她充满活力的课堂。我似乎看到语文教改的一线希望。

"批判固然重要，建设更有意义。"语文教改有许多工作要做，期待大家继续努力，不断探索。梁艳还年轻，要走的路还很长，希望她一路走好……

末了，还得感谢让我认识梁艳的那位主编先生。

## 13. 山东姑娘梁丽

写在前面的话——

我曾带教过两个得意门生：一个在西部成都，一个在东边济南。

两个都姓梁：成都的那位叫梁艳，济南的这位叫梁丽。

两人同庚，均为女性，全是而立之年，都任学校教务主任，也皆为省骨干教师。

巧的是，她们俩都一米六八的高挑个儿，白皙皮肤，姣好面容，不俗谈吐。两人都刻苦用功，敬业爱岗，为人师表，严谨治学，深受学生爱戴。

她们俩从普通教师一路艰辛走来，而后成长为优秀教师，实属不易。两人成长经历虽不一样，恰是"殊途同归"。窃以为，了解一番她俩的成长经历，对广大青年教师而言，不无裨益。

之前，我曾撰文《川妹子梁艳》专事介绍梁艳老师的成长经历，今拟续篇《山东姑娘梁丽》简要叙说梁丽老师的教育、教学故事。权作姐妹之篇。

怎么会结识济南姑娘梁丽的？

三、亦师亦友

上海有个"方略教育",是一所以"新理念,新模式,新技术,新服务"为特色的新型教育培训机构,其实施的"名师工程",意在聘请有经验教师带教薄弱地区的青年教师,指导他们制定专业发展规划,通过多种形式,塑造学员执教和管理风格,并为他们搭建平台,逐步走向全国。

于是,"方略教育"为我和梁丽老师之间架设了一座桥梁,师徒结对,由我带教梁丽老师。

### 小荷才露尖尖角

梁丽老师是一株好苗。现任济南市槐荫区阳光100小学教务主任一职。由于她热爱学生,积极工作,认真教书,成绩斐然,所以受同事认可,得领导青睐,获家长信任,让学生喜爱。

她于1999年参加工作。参加工作不久,她就崭露头角。连年被聘为济南市槐荫区小学语文中心组成员,济南市小学语文研究会理事。先后被评为济南市小学语文研究会先进工作者,济南市小学语文学科中心组成员,济南市槐荫区教学能手、优秀教师,济南市师德建设先进个人,山东省教学能手。在全国首届语文教师基本功大赛中获一等奖,一次获省作文辅导一等奖,两次获市作文辅导一等奖。

她在山东省优质课评比中执教的阅读课《匆匆》获一等奖,并在2010年召开的济南市第七届小学语文研究会年会上展示;济南市优质课评比中执教的阅读课《桥》和口语交际《我做调解员》两节课均获一等奖;区优质课评比中,由她执教的《捞铁牛》等三节课均获一等奖;设计的课件多次在省、市评比中获一等奖,《圆明园的毁灭》教学录像由教育部组织出版发行;另有论文、案例、研究报告、范文等三十余件分获全国、省、市、区一等奖。

多年来,梁丽老师承担多项课题的实验研究。其中,参与研究全国学科"四结合"课题,取得骄人成绩;主持山东省"十五"课题"学生心理健康教育的研究"，并于 2006 年结题。除此之外，她还积极参与济南市古诗文诵读实验研究，取得良好效果。作为课题负责人，她申报的全国"十二五"课题《小学语文"阳光课堂"创建的研究》被审批立项。

## 匆匆赶去，听她教《匆匆》

去年一日，春寒料峭。我应约匆匆赶赴阳光 100 小学听梁丽老师教学《匆匆》。

阳光 100 小学是一所颇有文化底蕴的学校，坐落在新建居民住宅区里。校园墙面色彩丰富，学校设备齐全。幽雅的咖啡吧里，我第一次见到梁丽老师，和照片上的毫无二致，只是，站在我面前的梁丽似乎气质更佳。我跟她开玩笑："真是一位'靓丽'老师！"

笑声中，济南市资深教研员江洪春老师也赶来听课了。我和江老师是多年至交，我颇敬重他。江老师是个达观者，快人快语，心里藏不住话，怎么想就怎么说。他常说："咱不说，别人咋知道？我指出别人的缺点，就是帮助他，就是希望他进步，就是为他好。"江老师还说过："近些年来，在小语界，一些'名师'无视课标，无视教材的规定性、制约性，无视编者意图，教学随心所欲，天马行空，对青年教师产生误导，令人担忧。我只想尽点微薄之力，发出'呐喊'，尽一己责任，对我们青年教师有个正确引领。"

江洪春老师的话，振聋发聩，又耐人寻味。

铃声响了，我们一起步入教室听梁丽老师上课。

这天她教的是朱自清写的《匆匆》。梁丽比较自信，她对教材拿捏得比较精准，说的普通话标准，教学态度也和蔼，有亲和力，教学环节紧凑。应该说，教师教学基本功扎实，教学目标明确，教学效果良好。要说不足的话，我以为教师的话语多了点，学生的活动少了点。下课以后，大家一起兴致勃勃地座谈梁丽上的这一堂课。

先由青年教师发言。大家尽往好的地方说，什么"重点突出"啊，"设计合理"啊，"结构紧凑"啊等等，不一而足。

没有想到的是，江洪春老师随即来了一个"当头棒喝"，说梁丽受那些"名师"的影响太多了：课上，考虑自己多了，想到学生少了。教师过于强势，剥夺学生自主创新权利，学生只能被动应付。这不是我们所需要的理想课堂。

江洪春老师借题发挥，还说，他到全国各地听一些观摩课、优质课，包括一些名师，特别是一些新潮名师的公开课，普遍存在一个问题，即教学中无视课标的年段目标，无视教材的编排特点，无视编者的意图，把这些要件当成"聋子的耳朵"，不屑一顾，教学随心所欲，我行我素。这实在是当下语文教学不正常、不健康的表现。当下，一些名师，尤其是一些新潮名师，十分在意彰显自己的教学风格，特别注重教学巧妙设计，追求舞台效果、轰动效应。为此，无视教材的规定性、制约性，不管学生学习的起点、年段性等，让教材为彰显、成就自己的风格服务，让学生为演绎、证明自己的一个个教学设计之巧妙、精彩服务。因此，教师本人在课堂上表现得特别强势、抢眼。

教学成功与否主要看学生有否提高。学生会说话吗？学生会写文章吗？张口能说话，下笔能写话就好。说话和写话之前先要会读书。我们的孩子会朗读课文吗？如果学生连课文也不会朗读，他必然说话不连贯、写话不顺畅。语文课有无效果，最终体现在学生有没有长进、有没有提高，学生是不是真的喜欢语文这一门学科。

江洪春老师的一番话语，叫座谈者豁然开朗，让梁丽老师醍醐灌顶。

## 卧薪尝胆　脱胎换骨

"一方水土养一方人。"也许由于地域关系，山东人的性格特点很是明显：坦诚、执著、豪迈、直爽。这在梁丽身上体现十分充分。

前辈以及同仁的告诫与提示，让她惊醒，给她力量，催她奋进。

"良药苦口，忠言逆耳"，江洪春老师的批评并没有让梁丽老师气馁，她陷入沉思；面对现实，她开始审视自己的课堂教学，重新规划自己的教学人生。

春末，我邀请她来上海学习一段时间。为了节省开支，她挑了个简陋的小旅馆住。想省出时间多学点，就吃方便面充饥。晚上，不看电视，不去影院，没有任何娱乐生活，就"宅"在小屋里看书、撰写教案和做听课笔记。生活很是单调和艰辛，她却毫不在意。

这期间，我安排她到各校去观摩课堂教学，聆听专家报告，参观各类学校，还请她进课堂上课，我坐在教室里记录。课后，我们一起分析教学得失。她苦心孤诣，潜心研究。课标、教材、教参、语文知识与技法，成为她形影不离的伙伴。

在那段日子里，为了厘清小学阶段六年的语文知识体系及训练序列，她逐册、逐单元地总结归纳训练要点，连课后习题也不放过。而后将训练点逐条记录下来，再将这些看似无序的点逐条梳理，找出其规律，整理出一条线，一条训练的线，一条学习方法的线，一条终身发展的线。

小学语文的训练体系顿时明朗起来，教学的眼界也放开了，从此，她不再是低着头只看自己所教的这一册、这一课，而是从六年全局来看整体。这六年要教什么、为什么这么教、教到什么程度，看得更加清晰、更加深刻，使教学更有计划性和针对性。

以后的日子里，她不断耕耘、辛勤劳作，享受着工作带来的快乐与幸福。

她明白，成绩的取得，百分之九十九靠的是汗水。"行百步半九十"，她深知自己的不足，深感肩头的重任。她保持激情，不断进取，努力实现着美好的教育理想。

三、亦师亦友

## 灵感来自赵本山的一句话

要想在事业上有所作为，少不了突发的灵感。灵感来自于生活。有期待的人，一定能得到灵感的眷顾。那些无所事事者，即使告诉他一个好主意，他也不会抓住机遇去努力实践的。

赵本山是个幽默大师。当我们被他"忽悠"得前仰后合的时候，他会冷不丁闪出一丝理性的火花——"给你一点阳光，你就灿烂了"。

这句话启迪了梁丽老师。

一年，她接了一个基础较差的班级。学生学习积极性普遍不高，课堂上懒懒散散，作业敷衍了事，成绩总是落在别的班级后面。

怎样提高他们的学习积极性呢？一个偶然机会，她发现班上学生对网络极有兴趣。心想，如果利用网络对学生的吸引力，也许能另辟蹊径，探索出作文训练的另一条路子。于是，她在网络上开辟一个作文专栏："成长快乐"，以此激发学生表达欲望和习作积极性。没想到，这一招还挺奏效。

第一天动员，第二天学生就交上不少作文，热情之高出乎意料。之后，她每天回家后做的第一件事，就是将学生作文上传到网上专栏里。次日，她向孩子们描述网友们的各样评价。

孩子们听了会放声大笑，有时，孩子们还会记下网友的建议……

她认为，每天这个时刻是最美好的。

学生小徐的转变最为明显。平时，他沉默寡言，上课一言不发，作文三言两语，成绩常常名落孙山。梁丽认为，要转变这样的孩子是比较困难的。殊不知，就在设立专栏不久，梁丽收到小徐写的一篇作文。尽管这篇作文词句还比较稚嫩，却文从字顺，用词恰当，叙事清晰，感情真挚。看得出，小徐是十分用心写这篇作文的。这让梁丽兴奋不已。她点了"发表"键，上传到专栏里。网友竟然对小徐的作文大加赞赏。第二天，小徐得知此事，兴高采烈，雀跃不已。以后的语文课上，小徐判若两人，上课积极发言，踊跃提问，各方面都有了长足进步。

后来，每个星期梁丽老师都带领学生到网上"神游"。孩子们逐渐学会了点评，既找出文章长处，又指出其不足，有的还能提出修改意见，孩子作文的热情高涨许多。

"你是怎样让学生喜爱作文的？"有老师饶有兴味地向她请教。

她的回答很简单："给他一点阳光，他就灿烂了。"

## 直来直去，从不拐弯抹角

去年年底，大雪封门，奇冷无比。阳光100小学约请我去济南听课、评课，当时我正在章丘讲课，我想在章丘多呆一点时间，次日再去济南。没想到，梁丽老师用不容置疑的口吻在电话里对我说："下大雪，明天路不好走，误事了咋办？我来接你，一个半小时我就能到达章丘！"没有丁点商量余地。

果然，一个半小时之后，她风风火火地赶来了，歉意地对我说："师父，请上车吧！路上积雪，不好走。放心！咱们校长开车，保证安全！"就这样，三下五除二地把我拉走了。我可从未碰到过这样的弟子。

开车的果然是他们学校校长。落座后，校长笑言："贾老师，她说话就这么'冲'人。别见怪，咱山东人就这脾气。"我明白，校长既是在打招呼，又似在表白梁丽这么做，绝对只有好意。

以后，遇着的山东人似乎皆是这样的性格：热情、豪爽，只安好心，没有恶意。

据说，梁丽评课时，说的第一句话是："这节课好的地方咱们不说了，就说说不足吧。"甚至连这一句话干脆也省去了："说吧，这节课不足在哪儿？"真是爽快人。

她与人交流也从不拐弯抹角，直来直去，有话说话，有事说事。

校长评价她：作为教务主任，对老师交代、安排工作时，直截了当，有时甚至连寒暄的话也没有一句。有一回，校长向老师们致歉："梁主任工作方式就是这样简单，请大家多多包涵。"不料，老师们却说："我们习惯了。放心，工作一样也不会落下。"

梁丽是一位好老师。她心地善良，她胸怀理想。她的工作很平凡，平凡得像一滴水，不为世人所知晓；她的工作很渺小，渺小得像一粒沙，不为众人所关注。然而，梁丽有追求，梁丽在努力——愿这滴水，在苦苦的追求中闪光；让这粒沙，在不懈的努力中成金。

## 14. 教海无涯　勤奋为舟
　　　　——喜读常波《香江教育随记》

前些日子，接到常波来自香港的电话，他约请我为他的新作《香江教育随记》做序，我欣然应允。

读着这厚厚之书稿，心潮澎湃。近30万字的随笔记录了常波在香港一年的工作、学习、生活的点点滴滴。在阅读过程中，我感觉有很强的画面感，流畅文字与亲切情感之中透露出他对教学、对生活的挚爱与追求。读字如见人，常波日渐成熟了。

书中既有常波对香港社会人文的观察，也有对香港学校教育教学的研究与体会，更饱含着他对家人的真挚情感。书中的观点鲜明、思考全面、分析合理，展现了一名教师应具的反思能力和科研能力。他对两地课堂教学策略的差异进行分析与对比，从社会体制以及文化背景的角度进行深刻思考；对香港中文教学的一些特有的经验，也做了深入的研究与调查；对教育以外的一些社会现象，也进行了观察与透视。从这些文字当中，我感受到常波在这一年中，不断思索与反复实践，实属不易。

"书山有路勤为径，学海无涯苦作舟。"我们的教育教学又何尝不是这样呢？每位教师在教学成长的过程中，要想有所提升、有所建树，唯有勤奋才是真理。常波是我的挚友与同仁，"勤奋"是他给我的第一印象。认识他是2009年4月在上海的一次教学活动中，他大胆的发言、独特的见解，给我留下深刻印象。随后，他主动和我探讨关于《南极风光》的教学，在此过程中，我觉得这个小伙子对语文教学有一股钻劲，于是对他产生了好感。后来他通过短信与电话经常与我联系，向我诉说教学上的事情，问我一些教学上的问题。我也鼓励他刻苦钻研，做一个有心人。几年中，我看着他不断成长，与时俱进，还经常听到他取得非凡成绩。"勤能补拙"，更何况他"不拙"，他对于语文教学的那份热爱让我欣慰。

　　读着书稿中常波对教学的思考，能看出他的理念和思想逐渐成熟了，我心中充满了喜悦。"莫道桑榆晚，为霞尚满天"，我虽年逾古稀，但也乐意为年轻人的成长铺路垫石。对于语文教学，长期以来，社会上有很多不同声音。上个世纪60年代叶圣陶先生说："口头说为语，书面写为文。把口头语言和书面语言连在一起就是语文。"语文其实很简单，就是语言和文字，语文教学就是要教会学生说话和写作。希望常波能一直思考下去，不断丰富自己的内涵，不断提升自己的教学艺术，能成长为小学语文界的名师。

　　"沉舟侧畔千帆过，病树前头万木春"，小学语文教学的传承和发展，需要这样一批善于思考、乐于实践的新一代去推动。于漪先生说：汉语言文字是中华民族文化的根，根没有了，那是要地动山摇的。作为小学语文教师的我们，责任重大，任务艰巨。我们所从事的工作是关乎民族发展、关乎国家未来的伟大事业。我也愿意和常波这样的年轻人一起，在语文教学的路上踏实走好每一步，去书写更加瑰丽的篇章。

　　最后，送常波一句话："教海无涯，勤奋作舟。"

**附录：**

# 1. 课如其人

——谈贾志敏老师的人格化教学

华中师范大学　杨再隋

古人谓：文如其人。其实，课亦如其人。一堂好课，折射心灵世界，浓缩人生精华，散发人格魅力，凸显生命价值。

2007年11月，贾志敏老师在湖北宜昌市开发区上作文课。开课前，贾老师声情并茂地对在场的师生说："刚才，开发区的老师对我说，贾老师，我们班绝大多数学生都是农民工子弟，好些是刚从农村转来的，胆小，不敢发言，真是给您添麻烦了。我听了，十分感动。我一辈子在上海教书，从没给农民工子女上过课，今天能有机会给他们上一堂课，是我一生的荣幸！怎么是添麻烦呢？……"说着、说着，贾老师声音哽咽，泪光闪闪，全场鸦雀无声。与会师生倾听到一位老教师发自肺腑的声音，感受到心灵的震撼。

歌德曾经说过："不是我在写诗，是诗在我心中歌唱。"在接下来的教学中，仿佛不是贾老师在上课，而是课在他胸中激荡。他很快进入了状态，找到了感觉，姑且称之为"课感"吧！他的每句话、每个动作、每个细微的表情，都是在传达这样一个信息：孩子们，我爱你们。我一定要让你们学好。贾老师在课间巡视，弯下腰来和孩子们交谈，态度那么温和，言语那么亲切。他表扬一个孩子的字写得很好，跟孩子一样漂亮。同时，他又不厌其烦地纠正学生的"读书腔"，指出几个学生读书掉字、添字、语气不连贯等毛病，还不断提示学生注意读书时的姿势。谆谆教诲，循循善诱，课堂气氛热烈而又和谐。这一切都是贾老师在不经意间做出来的，因势利导，顺其自然，教学时的火候、分寸都拿捏得很准确。

当时，我就在想，这不就是理想中的教学境界吗？人与课的融通，心与课的交汇，情与智的聚合，教书与做人的一致。这就是人格化的教学。

有人问我，这些老教师（如贾志敏、支玉恒、于永正、靳家彦等）和青年教师相比，究竟有哪些不同？的确，当今青年教师们的教育生态环境和老一辈教师当年的生长环境有天壤之别。然而，正是老教师们经历了时代的巨变、社会的转型、历史的沧桑，品尝过人生百味，感受过世态炎凉，他们的生活阅历、人生体验，厚实了他们的生活底蕴，丰富了他们的文化内涵，积淀了宝贵的精神财富，使他们对于生活的理解、对于人生的感悟，其深度、广度、力度都是年轻人所无法比拟的。而这些都将自然地融入他们对文本的认识和理解以及对教育本质的诠释之中。我多次听过这些教师的课，总感到他们教学背后还有许多深沉的内涵，平实颇感厚重，淡雅似觉深沉。课上完了，仍有余音、余韵、余味任你咀嚼和回味。

语文课是人生的舞台，在舞台上教师们展示生命的精彩，体现人生的价值。人生就是一本教科书，一堂好课就是浓缩了的人生，人生如斯，课如其人。

## 2. 上课，是生命在歌唱

上海市松江区教师进修学院　谈永康

那年，上海名师贾志敏在温州一所学校执教《惊弓之鸟》。

教生字，"更赢"的"赢"字笔画多，几个小朋友上黑板来写，要么挤成一堆，要么散成一片，不规范，也不美观。

贾老师笑眯眯地说："同学们，看贾老师怎么写这个字。这个字结构复杂，就像一个大家庭，有很多兄弟姊妹；又像一个班级，有很多同学。一个家庭、一个班级要想和谐，怎么办？那就需要每个成员都谦让、宽容。你看，这个'亡'字头，很谦让，把自己的身体压扁一些，少占空间；这个'口'也向'亡'学习，努力扁一些；'月''羊''凡'很受感动，也都赶紧把身体收缩一点，变得瘦长一些。仅仅谦让还不行，大家还要好好团结在一起……"

贾老师一边形象地讲述，一边板书，最后，一个美丽大方的"赢"诞生在黑板上。

孩子们都笑了。

附 录

贾老师说:"写字是这样,在班级里、在家庭中生活也要这样。"

不久,听别人评贾老师教《母亲的鼓励》。一位同学念课文最后一段,台下的许多老师红了眼眶,因为学生的朗读深情动人。

这时,台上的贾老师对朗读的学生说:"你有没有带纸巾,我想让你帮我擦去我眼中的泪水。"但见学生掏出纸巾,为蹲下身来的贾老师拭去他眼中的泪水。

过了一段日子,我请贾老师给松江的老师示范,也教《母亲的鼓励》。课上,学生扎扎实实地学习字词,有声有色地朗读课文,生动活泼地进行补白,听者皆沉醉其中。

末了,贾老师要请学生发表感想,就先自己示范——

"谁都需要鼓励。我也得到过别人的鼓励。

"4年前,体检之后,医生平静地告诉我:'贾老师,你患的是癌症。'听了医生的话,犹如五雷轰顶。顿时,我天旋地转。

"这以后,许多人给予我鼓励,给予我生活下去的勇气与信心。

"医生说:'这病不可怕,一要乐观、开朗;二要按时服药;三要坚持锻炼,你再活5年10年没有问题。

"才读小学二年级的孙子说:'爷爷,我没有钱给你买水果,但是,我每天可以给你快乐。'每天晚上,他都打来电话:'爷爷,今天我又帮助了一个同学。''爷爷,我数学考试得了一百分!'……每当听到这样的好消息,我无比欣喜。

"浙江的张老师,特地从杭州赶来安慰我。我则对他说:'对不起,以后我不能去杭州上课了。'张老师热情地鼓励我:'杭州的老师、学生都等着你给他们上课呢!'

"于是,在大家的鼓励下,我坚持着度过每一天。这一坚持,我又多活了三年零五个月……"

全场一片沉寂,瞬间,掌声如雷。

贾老师教语文,就像于漪老师说的那样:全身心投入,用生命歌唱。

与讲台同在

## 3. 贾老师的耳朵

上海教育出版社　杨文华

5月上旬，贾志敏老师在河南郸城上了一堂公开课。

78岁高龄的贾老师走上讲台。台下，人头攒动，一双双眼睛关注着老人家的一举一动。

"写作文，先要会观察。"贾老师开门见山，接着问："在今天的上课现场，你们发现了什么？"

孩子们七嘴八舌地议论开了。一位男生大声说："我发现，给我们上课的老师今天很帅！"顿时，台下爆发出一阵会意的笑声。

贾老师微笑着，不紧不慢地说："感谢你对我的赞赏。你说我'很帅'，我当然高兴。'今天'这个词用在'我发现'之前，还说得过去，然而，你却在句子后面用上'今天'，说我今天'很帅'，难道昨天——抑或前几天我就'不帅'了吗？你不妨将句子后面的'今天'两个字抹掉，我听了将会更高兴的。再说一次！"

男孩重新说了："我发现，今天给我们上课的老师很帅！"

"这样一改，我就高兴了。本来么，我一直'很帅'的。"贾老师说话一如既往地幽默。

　　男孩频频点头。听课的老师也情不自禁地报以掌声。大家都被贾老师敏锐的语感所折服。

　　没想到，男孩还没坐下，贾老师又"将"了孩子"一军"："你说我'帅'，是在赞美我，我当然不会不高兴的。但是，我快80岁的人了，还'帅'得起来吗？显然，这个词用在我这个年纪的人身上不太合适。如果说我'精神矍铄，身板硬朗'，也许会更恰当些，我听了，会更高兴的。你能不能把这句话修改一下，再说一次？"

　　男孩略作思考，又一次大声说："我发现，今天给我们上课的老师尽管年纪很大了，但是精神矍铄，身板很硬朗。"

　　听课的师生再次报以热烈掌声。这掌声不仅是送给这位精彩发言的男孩，更是对贾老师表示由衷的敬意。

　　贾老师高兴地说："这就对了！'精神矍铄，身板硬朗'用在我们老年人身上比较贴切，'帅'这个词，对我们老人来说，已是'明日黄花'了。用在你们年轻人——特别像你这样的靓男身上更合适。"台下掌声再次响起，此时，男孩的脸上露出灿烂的笑容。

　　作文课的大幕还没有拉开，贾老师已经给孩子上了生动的一课。

　　语文课究竟要给孩子什么？窃以为，学习语文的根本目的，就是要让孩子能够自然、流畅地与人交流，能够准确、妥帖地表达自己的想法。然而，又有多少语文教师能够做到这一点呢？

　　贾老师非常注重学生用语精准与贴切。他不放过语言的任何瑕疵——就像高明的调音师，哪怕最细微的杂音，都逃不过其敏锐的耳朵。

　　一个孩子说老师"帅"，似乎无甚不妥。但是，贾老师却觉察到此处表达不尽准确，不能轻易放过；台下老师爆笑，说明老师们也感觉到表达不够得当，但是没有去深究。贾老师的高明，就在于，他不仅察觉到而且能适时地引导孩子发现并纠正语言的不规范之处。就在一问一答的交流之中，孩子的语言发生了根本性变化，准确、妥帖的用语从同一个孩子口中说出来。这个过程，让这个孩子及至所有孩子都切实地体会到言语得体的重要，他们都经历了一次纯洁语言的历练过程。

引导学生正确运用语言，应该成为所有语文教师的"看家本领"。

朱光潜先生说："……我并非要求美丽的词藻；我所要求的是语文的精确妥帖，心里所要说的与手里所要写出来的完全一致。不含糊，也不夸张，将最适当的字句安排在最适当的位置。"

王尚文先生说："语文就是学习遣词造句的精确妥帖。"

要想达到"语文的精确妥帖"，我们每一位教师都应该像贾老师那样，拥有一对神奇的耳朵以及一张甜甜的嘴巴。

## 4. 培养语感，一条遵循语文教学本质的道路

**浙江省绍兴县教委教研室　周一贯**

早在1999年，在贾志敏老师荣获"浦东名师"称号的时候，我写过一篇文章，题目是"贾志敏：追寻语文教学的本真"。我觉得，一位名师，就是一个精神富翁，有无限的资源，供我们去撷取。一篇文章当然是意犹未尽，所以今天很感谢大会的组织者给我这样一个机会，能与大家一起来研究贾志敏的语文教学艺术，这是我的荣幸。

我今天要讲的主题是：培养语感，一条遵循语文教学本质的道路。

贾志敏老师的语文教学艺术，我个人始终认为，语感培养艺术是他的特色。在中国小语界，我可以这样说，还找不到第二个。上个世纪七八十年代，贾老师的作文教学通过电视台（《贾老师教作文》），风靡了长城内外、大江南北。到了90年代后期，他的阅读教学同样受到了我们广大小学语文教师的关注。如果说贾老师的作文教学所引起的是一种贾志敏现象，那么他的阅读教学所引起的反响，就是一股贾志敏旋风。那么，为什么贾老师的作文教学、阅读教学如此受到我们小学语文界同行的关爱和注目

呢？我们应当深深地去思索名师的成功之路的轨迹和原点。而贾老师教学艺术之根，我认为就是那种精深的语感教学的艺术。

进入新课程，我们说得最多的，就是人文性和工具性的结合。但是，我觉得这里忽略了一个基础，要问为什么人文性和工具性结合，应当是语文学科的性质？数学也有人文性，今天我们数学课强调的就是数学文化，同时它也有工具性，数学也是一种工具。这里，相区别的根本问题是，语文课的人文性和工具性是以汉民族共同语的语言性为基础的，也就是说，语文课的性质应当是在语言性的基础上，工具性与人文性的结合。语文说到底就是要"学语习文"，而提高学生整体语文素养的最好方法，我个人认为就是贾志敏老师造诣至深的这一条教学道路——培养语感之路。

语文教学有这个性、那个性：什么文学性、社会性、生活性、思想性……那简直是"性骚扰"，但是，归根结底是它的语言性，语言性是它的皮，另外的都是毛。皮之不存，毛将焉附。正是从这样的角度，我认为贾志敏老师的教学艺术既有时代的高度，又有纯正的本真，这正是我们进入新课程，迫切需要思考、需要解决的一个问题。

当然，我们不守旧，进入新课程，我们确实觉得有很多是应当反思和批判的，因为新课程所吸纳的后现代的课程理论，给我们带来很多有价值的东西，这是毋庸置疑的。但是我认为我们应当咀嚼的主要是"观念"上的东西。比如我们的教学观、知识观、学生观、教师观等等。而语文教学最根本的东西，比如说母语的学习规律，比如语文课要提高语文的综合素养，比如语文课要加强基础训练，这是不容淡化和忽视的。所以，可以这样说：我们语文课进入新课程，有很多要改革的地方——"山已不是那座山，梁也不是那道梁了"；但是我们也不能丢弃了最可贵的本真，语文的本真不会变——"星星还是那颗星星，月亮还是那个月亮"。正是语文教学的本真所在。今天我们研究贾老师的教学艺术，他的这种语感的教学艺术，确实有着重要的意义。

为什么说贾老师的教学艺术是以语感的培养为特色的呢？

我们先来看贾老师的作文教学，他是以清新自然的语感培养为核心，组织学生生动地表达和交流的。今天下午的两节作文课，很多地方都是可圈可点，给我们很大的启示。他的阅读课，我认为也是以语感导引为主线的，在提高阅读和认识能力的同时，优化语言素养。

为说明这个问题，首先我必须简单地说一下什么是语感。语感，就是我们对语言的直觉感知的能力。贾老师就是要让学生读，他从一个关键词入手，逐步扩展，乃至覆盖了全文，这样读着读着，学生对语言的感知能力就培养起来了。以语言为主的整体的感知能力，是理解和运用语言中感性、理性相统一形成的一种共性，从而激发出一种灵性。所以，简单地说语感就是对语言的敏感达到自动化的程度。我们听贾老师上课，他在瞬息之间就能发现小朋友的语病，这正说明他对语言的敏感已达到了自动化的程度。语感的培养，对提高学生的语文总的素养，具有整体性地位、基础性地位和战略性地位。

首先我们看它的整体性地位。

在语文学科中，我们要落实人文性与工具性的结合，必须要以语言性为基础。而语言性的提升、语言性的落实，就离不开语感的培养。所以我始终认为，贾老师的教学艺术，瞄准的是以语感来整体地提高学生的语文素养。

第二，在语文教学中，它又具有基础性地位。

学生对语感的形成，就要在准确地接受语言的刺激、语言的感受和语言的运用过程中间，获取鲜活的语言经验，进而达到整体感知的能力。所以抓住了语感，就抓住了语文教学的基础问题。我并不是说，工具性、人文性不重要，但是它必须落实在语言性的基础上。这个简单的道理，我想不用多说——离开了语言性，你怎么去落实工具性和人文性？

第三，它还处在战略性的地位。

抓语感的培养来提升学生的综合人文素质，这是抓住了关键、抓住了要害，具有战略高度。如果忽视了对语感的培养，那么，学生的综合语文素养我就不晓得怎么去提高。所以，这是一个要害的问题。要害的问题，就有战略位置。现在的问题是，我们对名师的教学艺术太忽视了，我们不重视学习、反思、总结他们那些成功的东西，这是我们小学语文教学一个很痛心的现象。

上次，《中国小学语文教学论坛》的编辑，特意跑到绍兴来找我，交换对小学语文教学改革的意见，我就对他说，我们要繁荣文学创作，就要发展文学评论，没有文学评论，就不可能有文学创作。我们要发展小学语文教学，就要发展语文教学评论，没有语文教学评论，也就没有语文教学的繁荣。评优课、评名师、评当前语文教学的热点问题、难点问题，我们的语文教学才能发展，作为小学语文界的一本理论刊物，既是"论坛"，就应该每期都有一定的分量来提倡教学评论。所以，他马上交给我一个任务，首先让我写一篇繁荣教学评论的文章。

真的，我觉得很痛心呀！像斯霞老师，这么一位名师，一代宗师，我们小学语文界让她留下了什么呢？我们能够找到几篇深入研究斯霞老师的教学评论文章吗？我们只是说她"好呀好"，说她"了不起""不得了"，但具体的东西没有了。这对我们来讲，是一种严重的失职，也是一笔巨大的损失。一代名师的成长不容易呀。贾老师闻名全国，他有没有靠行政命令？没有呀！没有行政权力来给他保证，他是靠自己的课堂教学，他是靠他自己用激情感动了课堂，才感动了我们小学教师的。名师是公众认定，是一种公论。

在我们汉民族共同语的教学中，语感的培养更有特殊的意义。因为我们汉语是一种单音节的分析语，它靠的是词的滚动组合在语境的具体联系中产生意义的，这种意义是要靠我们人去意会的。这与印欧语系是不一样的，印欧语系是靠每个词的形态表示，比如它的"格""调""时态""语态"，都是用形态来表示的。而我们的汉语不是这样，是靠意会来生成它的意义的。一个"打"字，在新华字典中有28种解释，到底怎么解释，就要在上下语境中去意会。这种意会的能力也就是语感的能力。我们不抓语感,就学不好汉语。所以,这是一个根本性的问题。

具体地说,贾老师的语感艺术有哪些特征呢?我认为主要有这么几个方面。

第一,以汉语的组合规律,在读写结合中培养学生的语感。

他的阅读教学和作文教学的设计都有这样的特色:就是抓住一个关键词,让这一关键词在滚动发展中实现多方组合,由词发展成为句,由单句发展成复句,由小节发展成为段落,乃至最后发展成为全篇文章。这就是词语的滚动、碰撞,就像一个活跃的化学分子一样,在滚动、碰撞中,实现多方组合。这正是贾老师的教学设计的最大特色,也是我们当前小学语文界唯一一种教学特色。如他的作文课,"一件_____的小事",就是抓住几个关键词"闷热""冷饮""青蛙",由三个关键词的滚动,给学生营造可以结合生活经历和生命体验的空间,从中为语感的培养创造了条件。这一基本思路跟今天我们这堂课(作文"找手机"),从"手机、冰箱、爷爷"这三个关键词,营造学生可以充分地调动生活经验和生命体验的空间,也可以说是学生的创作空间,具有同样的艺术特色。接下来是规则写作与展示生命活力的自由写作的灵动的结合。这样的作文教学更大的特点就是充分地运用了我们汉语的艺术性。至今我没有发现我们小语界有和贾志敏老师近似的艺术风格,我们要来研究、疏理、总结、推广啊!在学生调动生活经验和生命体验的过程中,贾老师用小品表演等等多种方法,调动学生的积极参与、积极主动。今天这堂课也是如此。

当然,我也听说,进入新课程以后,因为我们更多地在强调新概念作文,强调作文应当是学生的生命的独白和心灵的对话,应当是自由人。所以,有的教师就认为贾老师的这种教学方法是不是已经陈旧了、过时了。我个人认为,是理解出问题了。

我们晓得,社会的写作生活,有两种写作状态。一种是自由写作状态,比如像作家的文学创作,就是自由写作状态。平时自己想写什么东西,不拘形式地写下来,就是自由写作。在社会生活中,还有一种写作状态,那叫做规则写作,我们绝大部分的成人的写作活动都是规则写作,而不是自由写作。比如教案就是规则写作,给朋友写信也是规则写作。所有的应用文,所有的申论文都是规则写作。因为社会中存在着两种写作状态,所以小学生的写作状态也应该有两种,一种是自由写作状态,一种就是规则写作状态。我不赞成以课堂写作和课外活动写作来分,因为实际上好的课堂写作中,同时包含着两个要素,既有规则写作的导引又有自由写作的激发。所以我们不应以写作的"地方"来区别,而应以写作的"性质"来区别。正因为我们过去在规则写作方面陷入了一些误区,所以进入新课程,我们强调自由写作,我认为这是无可厚非的。因为写作,应该连接着健康的生命,写作应该是生命世界的一方蓝天,应该是心灵世界的一汪甘泉,应该是精神世界的一方沃土。但是,是不是我们强调了自由写作,就不要规则写作了呢?试问,每一个规则写作的指导,作为能力该如何提高。自由写作有它的优势,它可以引起写作的兴趣,可以激发学生的生命投入,使写作更多地富于真情实感。但是,自由写作也有它的短处,就是不利于指导,不利于提高。如果在课堂上,我们也是自由写作,教师怎么辅导?每个人写的都是各贴各的号,各唱各的调,你怎么指导?所以它同时应当有规则写作。

进入新课程,我们是要求规则写作能够更好地调动学生的生活经验和生命体验。今天,当学生把手机跟爷爷跟冰箱连接的时候,实际上小朋友说的都是他自己的生活经历和自己的生命体验。那么,在课堂教学中的规则写作肯定能够提高写作指导的效果,这是毫无疑问的。因为我们研究的是一个共同的题材,当然我们给予指导。所以,我们不应该强调自由写作,而否定了规则写作的重要性。我们准确的理念,应该是像贾老师一样,把自由写作和规则写作有机地结合起来。即规则写作的时候,能够充分为学生提供一个广阔的激发生活经历和生命体验的空间。

中国古代的哲学思想,老子有一句话,叫作:道生一,一生二,二生三,三生万物。我觉得这是我们认识问题、分析问题的一个根本的思维方法。道生一，生了一个作文教学；一生二，作文教学生出两个层面的东西，一个自由写作，一个规则写作，用自由写作激发生命活力，用规则写作提升语言的把握能力；那么，贾志敏老师的作文课是二生三，由自由写作和规则写作再生出中间的一个路线，就是自由写作与规则写作的有机结合；我们的作文教学就是要由这个三——自由写作、规则写作、自由写作与规则写作的有机结合而形成各种各样的作文教学的模式和各种各样的作文教学的思路，即三生万物。所以我觉得从语感训练、语感培养的角度，我们应该好好地总结贾老师的作文教学经验。

他的阅读教学，也是以语感培养为红线来组织的。

随便举个例子，比如，他教《程门立雪》，先让小朋友解释题目的意思，那是在程老师的家门口；再解释"立雪"；然后是滚动、创作和多方创作：谁在雪地里——是杨时和他的同学。在雪地里干什么呢？一边背书一边等待程老师醒来向他请教不懂的问题……最后滚动到"程老师望着门外的大雪说不出话来"。贾老师又请三个小朋友，一觉得程老师没有话说；二觉得程老师有话要说，但没说出来；第三认为程老师非常激动，所以说不出话来。学生当然选择第三种。选择第三种以后，那么程老师会说些什么呢？再让学生超越文本。所以，贾老师的阅读课最重要的一条红线，就是解读文本、重构文本到超越文本。他的重构文本，就是从语感训练的角度，让小朋友来重构课文的内容。而不是像很多课堂上我们所听到的，是用激情提问，不是重构文本，而是重复文本。所以，贾老师的写作课也好，阅读课也好，都有一个共同的东西，就是瞄准了语文的艺术性来设计教学。用这种艺术性为学生语言设计提供广阔的空间。我觉得这是他的第一个特点。

第二，在师生的平等对话中，重构阅读文本，培养学生的语感。

我喜欢贾老师的作文课，但我更喜欢他的阅读课。我觉得他的阅读课在我们中国小学语文界是绝无仅有的。他的语感的培养，在阅读教学中的意识，确实令人敬佩。而最根本的特点就是抓"重构文本"。第一步是凭借文本，反反复复地读，贾老师很重视读；第二步是用汉语中的铸造式的滚动，多方组合来重构文本。你看他《镇静的女主人》的基本教学思路，体现的也就是这个特色。这里边有很深的东西，那就是我们如何认识文本、处理文本，如何把文本看作一个训练的例子，用它来培养学生的语感。而文本不是一个直接获取的目标。

第三，当场诊断语言，在课堂生成中沉淀语感。

这是贾老师的课最让人感动的地方。他不放过每一个小朋友说的每一句不妥当的话。他绝对追求的是正确、敏锐、强烈地去感觉、感知、感悟语言。这里有六个要素：敏锐、正确、强烈、感觉、感知、感悟。这种语言训练的功夫，令我钦佩。贾老师在说学生的病句的时候，有的我还领悟不过来呢。我举一个很生动的例子。

有一次，课堂上有个小朋友写作文时说了一句话："暑假里，我和爸爸有幸到杭州来。"贾老师当场马上说，你这句话有四个毛病。我们都领会不过来，这句话听起来也可以呀！贾老师说，第一，"我"和爸爸这个"和"用得不当，爸爸是大人，我是小孩，应用"我随爸爸"；第二，"有幸"不当，你到杭州来可能是有幸的，但爸爸是大人，到杭州来很快就到了，所以应是"我有幸随爸爸"；第三，你在上海，不能说"到杭州来"，应是"到杭州去"；第四，到杭州去干什么？即便是有幸，下面的内容应该是有幸的，如果你到杭州去奔丧，也叫"有幸"吗？哎呀，真厉害！小孩子从小就在这种严格的、正确的、敏锐的、强烈的语言的熏陶之下，才谈得上能够提高语文综合水平。

我深感惭愧，因为我的语感水平就很差。所以我说他的第三个特点就是临场的语言诊治在课堂生成中沉淀学生的语感，这也是我们广大语文教师所忽视的问题。在很多课堂里，有的小朋友说的话明明不对，教师都说他是对的。所以他从小就得不到准确的语言的刺激和准确的语言感受，那你说这样培养出来的学生会有很好的语言素养吗？

第四，出色的语言示范，在语言实践中提升学生的语感。

附　录

　　贾老师在我们小学语文界被誉为语言大师，这个称号是有分量的。因为我们普遍发现，贾老师的语言真的很有功底，很厉害。首先我们看他的语言积累，很多小学生的作文，很多小学课文他都可以很娴熟地背下来。我们很多年轻教师记忆力很强，有这个语言功底吗？我们能背几首古诗？能背几篇古文？能背几篇美文？更甭说学生好的作文和课文了。所以，他在语言积累这个层面上，他的功夫是非常深、非常深的。

　　其次，在教学实践中，他对语感的敏锐几乎达到了自动化的程度，这是我们感到非常惊奇的。正因为他自己有这种功底，所以他的课堂里实际上每时每刻都在对学生进行语言素养的教育。这才是真正的语文课，这才是真正建立在语言性基础上的工具性与人文性的结合。

　　有一位老师给贾老师统计过，他评价学生的话语，评价学生的言说方式，竟有三十几种之多，而且在一节课中很少有重复的评价语。语文教师应该姓语名文，语文教师的功底就是语言的功底。我们仰慕名师，我们想成为名师，要做一个语文名师就要从提高自己的语言基本功做起。我在各地带了一些名师班，这些名师班的学员很需要提高自己的教学水平。但普遍感觉到我们的课放不开，不够大气，说到底就是"囊中羞涩"。这个囊中羞涩不是钱，而是语言的囊中羞涩。我们害怕，就像林黛玉进大观园一样恐怕说错一句话，因为我们常常要说错话，与其要说错话，不如不说，所以，到目前为止，我们绝大部分的课堂，预设性太强，生成性不足。为什么？因为预设的是有把握的，而生成的往往是没有把握的，是要临场以教学机智，以自己的语言功底去生成的。过去我们的课堂，上课上得最好的，往往是低年级的识字教学，那时的特级教师全部都是女教师。有的老师对我说：怎么现在课上得好的，都是男老师？这里，当然不应以男女来分，但有一点是可以肯定的，一个好老师一定要有很好的语文功底，要有很好的阅读基础，没有很大的阅读量，没有读过很多的好书，打下一个底子，你就甭想让预设和生成同样精彩！所以我们学习名师就要学习他那些根本的东西。

与讲台同在

　　贾老师在他出版的一本书中有一个题记,大意是:过去为了生活我从事教育,现在如果让我离开讲台,我将一刻也生存不下去。所以,我觉得伴随着贾老师成为名师的艰苦坎坷之中,根植着他对事业的执着。我记得有一个智者说过,生命的旅程,目标并不重要,重要的是在生命的旅程中与谁相伴。我深深觉得,在贾老师的生命旅程上与他相伴的是事业,没有那种刻骨铭心的敬业精神,是坐不到这个位子上的。应该是事业与生命相结合,事业因为生命的投入而更加壮阔,而生命也因为事业的支撑而更加丰满。贾老师的生命与事业相伴,才有他今天如春洪一般的事业,如冬梅一般的生命。

(本文曾刊于《语文教学通讯》2005年第1期)

## 5. 贾老师教学艺术的学理分析及启示

上海师范大学教育学院　李　重

贾志敏老师从1958年起做代课老师，至今已经在小学语文讲台上站了半个多世纪的光阴，他在学生身上倾注了无尽的情感，寄予学生殷切、美好的人生希望。对贾老师而言，真可谓把一生献给了美丽的小学语文教育事业。贾老师常常说："当年，我为了生活而走上了教育工作岗位；如今，让我离开这三尺讲台，我将一刻也无法生活。"贾老师的生命中涌动着对孩子的热爱，对教育事业的激情，他不知疲倦地工作着、奋斗着。贾老师说："精彩的课永远是'下一课'。学无止境，教无止境，备过的课要不断修改，教学也得经常调整，一成不变是行不通的。用同一个教案去教不一样的学生，其教学效果也是迥然不同的。""教学必须创新，不创新是没有出路的。""做一个语文教师不算太难，而要成为一名称职的、优秀的，乃至像袁瑢、于漪那样出类拔萃的语文教师，实在不易。""'用一生的时间备课'，我也是这样实践着的。"可以说，贾老师用一生对教育的信仰、对教学的激情，创造了一部语文教学的传奇。即便贾老师现在七十多岁了，又身患重病,还在为小学语文教育事业奔波、劳顿,感人至深。

下面尝试从教育科学层面来解读贾老师的课堂教学艺术,试图发现一些能够为语文教育界分享的公共性知识,期望对语文国家课程校本化及师范生培养有所启发、借鉴。

一、贾志敏课堂教学艺术的学理分析

(一)从课程论的角度来看——"根柢盘深"

贾老师始终创造性地耕耘小学语文教学园地,虽然付出常人难以想象的辛劳,他也心甘情愿,无怨无悔。贾老师不断地无私付出,同时也在不断地自我超越、自我实现。这种不断走向崇高的生命姿态,这份内心世界独特的享受,每一位从事创造性教学的教师都会有所感触,都能理解、体会。贾老师不局限于教教材,而是以敏锐的课程意识,从促进学生有效学习的角度来丰富、深化、提升教材。

1. 自觉的语文课程资源开发意识

从课程论的角度来看,贾老师早已具有了自觉的语文课程资源开发意识,从语文课程的忠实执行者转变为课程的开发者和建设者。这正是贾老师课堂教学独具魅力的一个深层原因。对于课程的忠实执行者,拿着语文教科书,只知道把课文讲完,教学动机主要是外在任务驱动型。这类教师不太会去关心,教完这套语文教科书,学生的语文学习到底会发生哪些实际变化,整个教学过程到底对学生的人格养成可能产生哪些实际影响。作为课程的建设者和开发者,贾老师不仅从"教教材"变为"用教材来教",而且总是从课程意识的高度来看待小学语文教学工作。贾老师说:小学语文虽然"小",可是要为学生的言语发展奠基,教学生1年,就要想到他5年;教学生5年,就要想到他一辈子。正是从这么一个高度,贾老师努力做好小学语文课程资源的选择与开发。贾老师善于抓住母语课程的特点,充分利用母语课程得天独厚的资源优势,凭借自己敏锐的语感,处处留心、精心选择优质的社会语文资源,然后将它创造性地转化为优质的语文课程元素,从而将语文课程建设深深地扎根在中华语文宝库之中,将学生的课堂语文学习活动与真实的社会语文生活全面打通，为语文课堂引入"源头活水"，与时俱进，滚动式发展，从而呈现出贾老师的语文课堂新颖、独特的面貌。这个特点尤为集中表现在贾老师的作文教学实践中，贾老师教作文从来不拘泥于课本，都是自己动手开发，譬如贾老师成功开发了"谁动了松鼠的奶酪""爷爷找手机"等系列写作课例，教学效果非常好，具有很高的原创价值。

2. 开放的语文课程实践

观摩贾老师的语文课，我们常能感受到其内在的灵动、开放、大气。贾老师的语文课堂，总是洋溢出学生自然、活泼的生命气息。不像有些语文课，教师提前布好局、设好套，就等学生往里跳。这些被异化的语文课堂，与教师课程观念封闭、保守、落后有关系，根子上是课程文化忽视学生，刻板规训。"鼓天下之动者存乎辞"，"辞之所以能鼓天下者，乃道之文也"，中国语文课程从根本意义上说具有绵远不绝、渊通博大、生生不息的文化气息，在实践层面可以做到大开大合，纵横捭阖，而又一以贯之。将语文课上成"病怏怏的"、封闭古旧、缺乏生命活力，追根溯源都是一些教师对语文课程的认识观念出了问题，他们缺乏开放的语文课程实践观念，在螺蛳壳里做道场。贾老师生在上海，长在上海，受海派文化滋养很深，见过大世面，阅历丰富，又追求务实、讲究实效，不搞凌空蹈虚那一套。有此底蕴，贾老师又善于钻研，讲究灵活变通，他的语文课堂自然呈现出开放、灵动的气象。在开放的课程文化氛围中，贾老师善于创设各种情境，引导学生在理解、应用语言文字的实践中学习语文，教学点落在学生语文经验的丰富、提炼、改善、优化等方面，全面提升学生的语文素养。

3. 全面的发展性语文课程评价

在课程实践过程中，不少人缺乏科学的课程评价观念，语文教学常常滑入低效或无效的境地而不自知。贾老师有明确的课程评价意识，秉持基于学生全面发展的语文课程评价观念。贾老师在课程实施之前对这个阶段的语文课程目标非常清楚，而且会把阶段课程目标分解到每篇课文、每节课的教学过程中，根据课程价值来选择、确定教学目标及教学内容。譬如贾老师教《丹娘》一课，就是从阶段课程价值目标出发来设计教学目标的。贾老师将《丹娘》一课放置到整个四年级来考虑，"粗略统计一下，四年级学生学过的写人的记叙文约三十余篇。如《周总理病危时的两件事》《刘胡兰》等，这些课文大都是从正面来刻画人物的高贵品质和突出课文中心的。《丹娘》这篇课文，在表现手法上却与上面提到的一些课文不同，是学生首次接触到的"，这篇课文采用了"先伏后显"的写作方法，先通过侧面描写来刻画人物形象，然后介绍这位英雄的真实姓名。为此，贾老师针对教材特点与学生实际，"把重点放在引导学生阅读与指导学生改写上面，让学生切实掌握作者从侧面描写来反映人物精神面貌这一写作特点，培养学生的阅读与写作能力"。在课程实施过程中，贾老师往往是边教边评，稳打稳扎，步步推进。在评价的时候，贾老师坚持全面的、发展性的评价观，评价面涉及语文知识、语文技能的学习，过程与方法的掌握以及情感、态度、价值观的养成；涉及语文的听说读写，也涉及学生的立身处世；针对学生个体的当前表现，又关照学生的过去，着眼于学生的未来。"嫩枝宜扶不宜折"，贾老师说："对青少年学生鼓励要多于批评。实践证明，表扬是一种积极强化手段，批评则是一种消极强化手段。在一般情况下，前者效果要比后者好得多。"

（二）从教学论的角度来看——"枝叶峻茂"

由于有了明确的课程意识及课程开发的铺垫，贾老师的教学亦呈现出新的特征，具体表现如下。

1. 以生为本，实施差异化教学

叶圣陶论述"教"与"学"的辩证关系，强调把"教"的立足点放在培养学生独立的阅读能力上，这让贾老师深受启发。为此，贾老师还会根据所教班级的不同、学生的差异，来选择、取舍课程内容，设计、确定课程目标，从而实现由语文国家课程向校本课程、班本课程、生本课程的创造性转化。贾老师一方面会引导学生广泛阅读浏览各类文章，另一方面在阅读教学中逐步引导学生独立分析课文，培养学生分析的能力与习惯，还注意鼓励学生在课堂上畅谈自己的阅读体会与感受，学会分享阅读心得。

此外贾老师善于借助之前对语文课程资源的开发与有效实施，从而优化学生个体的语文学习过程，提升语文学习经验。贾老师一直坚持："教师教学的成功，只能反映在学生的'提高'与'长进'上。"通过课堂教学，"知识点必须落到实处，能力培养一定有所收获"，每篇课文的教学必须让学生"有所得"。

2. 突出学生的言语实践

贾老师的语文教学彻底打破了过去沿用苏联的讲读教学模式，他认为这种模式"教一篇课文从解题、教生字新词、教师范读、逐段分析讲解、分段、综合段意直到概括中心思想、总结谈话，成了一整套程式。篇篇课文几乎同一步骤，同一教法。这种不针对教学要求，不看教材特点，不根据学生实际的教法，使语文教学僵化了"。这种僵化的语文教学模式，学生不会有兴趣，"他们的独立阅读能力也难以培养起来"。贾老师的语文教学，以学生的言语实践为主体，通过教师的言传身教，借助有效练习来培养学生的语文能力。教师不再是"讲师"，而是"教练"，通过真抓实练，教会学生理解、应用祖国的语言文字。

3. 注重示范、模仿的学习方式

贾老师教学生"学语习文"，有点类似于民间师傅教徒弟手艺，从不高谈阔论，一切来实际的。贾老师不仅仅注重言传身教、口耳相传，还特别注重手眼相关，树立榜样，模仿学习。从教的角度来看，贾老师非常注重亲自示范，供学生模仿。贾老师有非常深厚的语文素养，写字、板书、朗读、朗诵、演讲、写作等样样在行、样样精通。贾老师的言语示范对学生来说，既是一种美的享受，也是极好的模仿对象、学习"范本"。从学的角度来看，通过模仿学得比较实在，效果也容易看得见。贾老师"带徒弟"，不止步于简单的示范、模仿，还特别注重"仿中创"，基于模仿，鼓励学生发现新的意义，发挥自己的想象力，生成新的言语作品，绝对不要搞出"鹦鹉学舌""人形鹦鹉"这些变异的现象出来。此外，贾老师还非常善于在学生群体中发现榜样、树立榜样，供学生模仿。"相马"，做"伯乐"，也是贾老师的拿手好戏。注重模仿学习以及树立榜样，与我国文化传统是相关联的，具有中国特色的教学内涵。总之，贾老师采取的示范、模仿以及"仿中求创"，契合了语文内隐学习的特征，实践效果显著。

4. 反思性的教学实践

语文教学实践具有多广度、多层次、多类型等特征，唯有不断反思才可以不断调整、改进、提升。贾老师具有教学反思的习惯，"每次上完课，晚上我睡不着，我睡不着就是反思课堂教学。每句话都要让我反思，哪些地方讲得好，哪些地方不怎样，不怎样的原因是什么，可能问错了，或者我提问提的太大了，我要想这些。有时候想到了什么，半夜里爬起来，我把它记下来，怕第二天早上忘记。如果比较系统、有价值的，我会写成一篇文章，发给杂志社"。从某种意义上说，正是通过不断的教学反思，贾老师才渐渐积淀了自己的课堂教学艺术。

（三）课程与教学论一体化的角度——浑然天成

如果说有了课程的基础，贾老师的语文教学便"根柢盘深"，那么课程与教学论一体化，让贾老师的语文教学从此"枝叶峻茂"，摇曳多姿，浑然天成。如果将贾老师的语文教学比作一篇精彩诗文，其特征一定是"辞约而旨丰，事近而喻远"，"可谓太山遍雨，河润千里者也"，其间蕴藏了源源不断的教育智慧。贾老师课堂教学具有智慧的特质，主要样态如下：

1. "聚得拢"，"散得开"

"聚得拢"是指每次教学主线清晰，重点突出，选点突破，有实效。"散得开"，即注重课堂现场的生成价值，贾老师的课堂教学注重发散，在发散过程中生成有价值的内容。"学科丰富的育人价值，决定了每一节课堂教学的生成都应具有多维性。教师的生成定位要充分体现学科特有的育人价值和学生成长需要。这里的多维，表现形式也是多样的，既有价值取向的多维，视角的多维，方法的多维，也有思维方式的多维。"贾老师的语文教学，宛如一条清澈的河流，既顺流而下，又蜿蜒曲折，沿途让学生饱览无数的风光。

2."守得住"，"盘得活"

"守得住"，是指坚守基础知识、基本能力教学，"任尔东西南北风"不动摇。如阅读教学，紧扣文本来教学生阅读，从文本内容写了什么，到文本是怎么写的，来教学生学习如何阅读。写作教学力求写通，不求写好。能否写好，取决于学生的悟性、禀赋。"盘得活"，是指能够跳出文本来教文本，贴近学生的言语生活，引入社会语文资源，让语文教学灵动起来。吴忠豪认为，小学语文教学"在练习中要经常变化练习的形式，使各种感官都活动起来，例如通过朗读、默读、默写、听写、复述、背诵等练习方式，使学生的眼、口、手、耳等各种感官都参与活动，以增强记忆效果"。在贾老师的语文课上，学生的眼、口、手、耳等各种感官都被充分调动起来，言语与思维齐飞，开枝散叶，智慧生成。

二、贾志敏课堂教学艺术的当代启示

（一）充分调动学生的主体作用

贾老师全部的教育教学都是为每一个学生更好地成长、成才、成人服务的，都是为了学生生命更加充盈、完善服务的。基于这个根本，贾老师合理分配了"课堂场域"的各项权利及责任，语文课堂主线、教的目标、学的内容等大的方面统归贾老师把关、负责，至于学习过程中的方式、方法，譬如课文某段落的朗读方式、朗读序列等微观方面，贾老师会尽可能地把学习选择的权利合理地交还给每一位学生，让学生可以在教师的引导之下尽量真实地展示自己积极的一面，尽可能地充分发挥自己的主观能动性。所以贾老师尽可能多地让各种层次的孩子参与课堂活动，在起始阶段更多地提倡自由朗读、各自学习，允许学生选择自己喜欢的段落来朗读等。基于学生个体的真实表现及个性差异，贾老师再来抓典型，做有针对性的教学，或鼓励学生间充分交流，教师再来点拨、提升。在贾老师看来，教学不是要去控制、灌输，逼学生就范，逼学生服从，逼学生死记硬背，而是需要点燃、引导、扶植，在语文学习的关键处由教师拉一把、送一程。语文学习的过程主要还是每个学生在教师的指导下自主练习、高效练习，逐渐养成优秀的习惯的过程，所以学生个体能把握的、能做到的，贾老师从不越俎代庖，尽可能放手，尽可能"不要挡住学生的阳光"。在意识可控的范围内，贾老师总是乐意将学习的主动权、选择权交还给学生，这正是落实差异教学、因材施教的关键环节。试想如果教师控制着学习的一切方面，哪里还有什么因材施教呢？可见贾老师正是通过该把控的把控，该放手的放手，施展自己高超的激励艺术，真正落实教为学服务，从根本意义上不断提升着学生的本质力量，坚定地走在不断提升教学质量、解放学生身心的路上。这或许就是贾老师课堂艺术魅力生成的辩证法。

（二）遵循语文教学规律

贾老师的教育教学还体现在严格要求、科学施教。贾老师宽容却不纵容，关爱但从不溺爱，从不偏袒学生。在语文教学过程中，贾老师有时候对学生要求非常严格，近乎苛刻，一点都不含糊。因为在贾老师心目中，语文是一门学科，语文教学则是一门科学。科学需要严谨和规范，需要按事物发展规律行事，来不得半点虚假和浮夸。小学语文教学尤其如此，字要一笔一画写工整，每一个字的吐字归音要清晰、正确，每一个标点符号都要使用准确等等，唯有让每一位学生养成严肃认真、一丝不苟的精神，形成良好的语文习惯，他们才能够长真本事、炼成真能力。在严格要求方面，贾老师率先垂范，首先严格要求自己，自己做不精的绝不要求学生，所以学生打心眼里佩服贾老师，甘心"服从"贾老师的安排，从而收获成长、进步。经贾老师教过的很多学生，写字工工整整，学习态度认认真真，做人堂堂正正。这些特征我们通过观摩贾老师的课堂、观看学生的作文本就可以感受得到。

（三）倾心学生化为教的艺术

透过贾老师的课堂教学艺术，可以发现贾老师被称为"真语文大师"的真谛。李政涛在《教师是熬炼教育智慧的人》一文中写到："每个人都在不同的职业岗位，不同的人生阶段修炼自己的德性、识性和耐性。'修'即修改，修正，它是一个持续调试的过程。"他随后转引考门夫人在《荒漠甘泉》中提及一个琴师调琴的例子，来说明教师的修炼过程："一个爱琴如命的琴师，他会何等喜爱他的琴！他把它抱在怀里，抚它，偎它！可是，你也能看到他是如何调整琴的琴弦。他紧紧地抓住它，用力在弦上拨音。弦立刻震颤，好像痛极为泣。他侧耳闻之，觉得弦音粗浮，还不是他所要的音阶。于是他继续绞，弹拨再三，直到它发出清脆和准确的音来。这时他脸上露出笑意，点头满意。"贾老师就如同这位琴师一样，"把学生和自我这两种生命之弦交替抱在怀里，拨动琴弦，谛听音调，再调整心弦，直到它奏出的声音优美、和谐、动人"。在教育教学的舞台，学生是流动的风景，教学永远是一门缺憾的艺术，为了能够奏出最优美的生命乐章，贾老师一辈子都在不停地"拨动琴弦，谛听音调，调整心弦"，一辈子都在不断地探求"如何去拨动孩子的心弦"。贾老师曾说：教师的眼里是容不得丁点儿灰尘的，我们教给学生的内容必须是准确无误的，我们的教学必须是创新的，不创新就没有出路。贾老师说自己是"用一生的时间备课"，一辈子都在追求最真实、最朴实、最扎实的小学语文课。贾老师将小学语文教育全部地放进自己生命的内核，他诚心从自己生命的核心之处来做教育。"把生命放在生命里面"，"把学生的生命落在自我生命的核心里，同时又把自我的生命化进学生的生命里，成为其今后生命成长中的核心资源"，"让每一次教育的过程，都变成教育者和受教育者共同回家的过程，即回到生命之家的过程"。于漪老师在81岁高龄时还说自己是"做了一辈子的教师"，"一辈子学做教师"。于漪老师的教育境界真是让人唏嘘感叹。贾老师和于漪老师一样都将一辈子奉献给了祖国的教育事业，用一生的时间在拨动、谛听、调试学生生命的琴弦，让学生的生命奏出优雅、灵动的汉语乐章，他们用自己真正的人格魅力震撼着我们的心灵，这应该就是贾老师"真语文"的奥秘吧。

透过贾老师的课堂教学艺术，可以明白教育智慧其实需要教师的融通功夫，需要教师将对语文教育之道的彻悟，真挚、深厚的教育情怀，本真、简约的言行有机地融入到知识技能教学的全过程，需要教师将自己全部的人生积淀、丰富的教学经验与学生的学习活动对接、打通，从而引导学生将个体的语文学习与社会生活全面沟通，最终落实到学生个性化的语文实践中去，这样往往容易从内催生出语文教育智慧，外化为语文课堂教学艺术。同理，将对真理、对知识的学习与彻悟化解到情感生活、人格修炼中去，这样教师才更容易创生智慧的教育人生。

图书在版编目（CIP）数据

与讲台同在/贾志敏著．—福州：福建教育出版社，
2017.4（2017.11 重印）
ISBN 978-7-5334-7665-6

Ⅰ.①与… Ⅱ.①贾… Ⅲ.①小学语文课－教学研究
Ⅳ.①G626.202

中国版本图书馆 CIP 数据核字（2017）第 056506 号

Yujiangtai Tongzai

与讲台同在

贾志敏　著

| 出版发行 | 海峡出版发行集团 |
| --- | --- |
| | 福建教育出版社 |
| | （福州市梦山路 27 号　邮编：350025　网址：www.fep.com.cn） |
| | 编辑部电话：0591－83779615 |
| | 发行部电话：0591－83721876　87115073　010－62027445） |
| 出 版 人 | 江金辉 |
| 印　　刷 | 福州泰岳印刷广告有限公司 |
| | （福州市鼓楼区白龙路 5 号　邮编：350003） |
| 开　　本 | 720 毫米×1000 毫米　1/16 |
| 印　　张 | 15.75 |
| 字　　数 | 233 千字 |
| 插　　页 | 1 |
| 版　　次 | 2017 年 4 月第 1 版　2017 年 11 月第 2 次印刷 |
| 书　　号 | ISBN 978-7-5334-7665-6 |
| 定　　价 | 35.00 元 |

如发现本书印装质量问题，请向本社出版科（电话：0591－83726019）调换。